ATELIERS LAURENCHET

Michel Serван

APOLOGIE
DE LA
BASTILLE.

APOLOGIE
DE LA
BASTILLE.

Pour servir de réponse aux Mémoires de M. LINGUET sur la Bastille.

AVEC

Des Notes Politiques, Philosophiques & Littéraires, lesquelles n'auront, avec le Texte, que le moindre rapport possible.

PAR UN HOMME EN PLEINE CAMPAGNE.

A PHILADELPHIE.

1784.

PRÉFACE

Qu'il ne faut point sauter.

JE ne vois que des Préfaces rebutantes : les Auteurs entendent bien mal leurs intérêts : ne faut-il pas mettre l'appât à l'entrée de la souriciere ?

Pour moi, je ne fais une Préface que pour promettre solemnellement aux lecteurs beaucoup de contradictions à concilier, & non moins d'énigmes à deviner dans cet ouvrage : c'est le plus piquant de l'art d'écrire.

Que si certains lecteurs, manquant de pénétration pour concilier les choses opposées, ou de patience pour expliquer ce qui est obscur, jettent le livre, en disant : je n'entends pas cet homme-là : qu'ils se tiennent eux-mêmes pour dit, qu'il me suffit, après tout, de m'entendre : & j'en jure la céleste vérité, je me suis fort bien entendu.

J'ajoute encore un mot, si j'ai tant battu la campagne, (je ne confie ceci qu'au lecteur discret) c'est par une invincible horreur pour les lieux trop resserrés.

Je me flatte, (soit dit en passant,) que ce jeu de mots, dans le bon goût moderne, alléchera les connoisseurs à la lecture du reste de l'Ouvrage.

TABLE

Des matieres contenues dans ce volume.

Raisons qui ont retardé cette apologie, page 1
Raisons qui la font publier maintenant, ibid.
Idée des Mémoires sur la Bastille, ibid.
Nécessité de les confondre, 3
La Bastille est de droit divin, 9
La Bastille est de droit positif, 10
La Bastille est du droit politique, 11
La Bastille supplée les pouvoirs intermédiaires, supposés nécessaires par Montesquieu, 12
La Bastille supplée l'honneur prétendu principe de la Monarchie, 14
La Bastille supplée les loix, 22
Vices des loix en général, 23
Vices de nos loix en particulier, & de leurs Ministres, 25
Quelques exemples qui prouvent comment la Bastille supplée aux loix, 29
La Bastille corrige les mœurs, & sur-tout les défauts propres à la nation françoise, 37

TABLE.

Erreurs du Docteur Panglofs, & de M. de Voltaire au fujet de la Baftille, page 39
Idée jufte d'un Gouverneur de la Baftille, 40
Ingratitude de M. Linguet, 44
Suite qu'elle peut avoir, 46
Examen de l'état actuel de la politique en France, & comparaifon avec fon état ancien, 47
Sageffe de la politique de nos peres, 50
Comment fous le dernier regne on avoit réprimé la politique moderne, 53
Comment elle s'émancipe fous celui-ci, 56
Avis refpectueux au Roi, 59
Péril de la Baftille & de l'état, 60
Invocation à Louis XI & à Richelieu, 61
Soupçons fur M. de Vergennes. ibid.

Avis important fur les Notes. 63

Note fur plufieurs Baftilles connues & inconnues, 65
Comparaifon des procédés divins avec la procédure humaine, 70
Pourquoi M. de Bougibous faifoit enterrer les vivans, 76
Note fur les courtifans & filles de joie, 78
Commencement d'une converfation entre un Magiftrat, & un politique ignorant, 80
Efpece de digreffion, 83

TABLE.

Fin de la conversation susdite,	page 86
Note sur les pouvoirs intermédiaires,	89
Tentative de réfuter Montesquieu,	90
Application de ceci à un grand événement moderne,	93
Note sur les grands Seigneurs,	95
Combats d'une nouvelle espece dont ils donnoient le spectacle à la nation,	ibid.
Différences & ressemblances entre ces combats & les anciens tournois,	ibid.
Chose bien étonnante,	102
Chose bien naturelle,	103
Idée sur l'histoire,	ibid.
Note sur la Magistrature de ces temps-là : miracles qu'elle opéroit,	104
Secret prodigieux contre les vers qui rongent les livres,	107
Miracle du pot magique,	109
Du pot à trois anses d'un Magicien Espagnol, & son infortune,	112
Annonce d'un ouvrage sur les pots en tête,	113
Du premier des pots en tête, vulgairement bonnet de nuit : ses propriétés,	114
Note sur les banqueroutes,	117
Définition d'une banqueroute,	ibid.
Esprit des banqueroutes,	118
Idée générale d'un remede aux banqueroutes	121

TABLE.

Divers rêves relatifs aux banqueroutes, page	123
Annonce d'un autre ouvrage sur les banqueroutes,	145
Note sur le Clergé du temps passé,	147
Note sur le principe des Gouvernemens, & surtout de la Monarchie,	150
Note sur le génie de certaines loix,	162
Loix politiques,	167
Loix religieuses,	168
Loix bursales,	ibid.
Loix civiles,	171
Loix criminelles,	172
Loix militaires,	176
Petite digression sur le reproche d'exagération,	177
Loix de police,	182
Priere au Roi,	185
Note sur l'abréviation des procédures,	188
En quoi consiste le Jugement d'un procès,	ibid.
Méthode à suivre,	189
Forme des Arrêts,	196
Effets qui s'ensuivroient,	197
Réfutation des idées ci-dessus,	198
Eloge de la profession d'Avocat,	200
Note sur quelques petites difficultés dans l'étude & l'usage de nos loix,	202
Pourquoi il est presque impossible de savoir nos loix,	203

TABLE

Difficulté de l'étude des loix politiques en particulier, page 209

Maniere dont les Magistrats usent des loix, 218

Difficulté de bien juger, 220

Application d'un mot de Cicéron, 224

Note sur les loix fiscales, 226

Comparaison de leurs Ministres avec les anciens Romains, ibid.

Privileges de ces Ministres, 227

Leurs instrumens, 228

Loix fiscales, grand corps ou colosse : ses diverses parties, 230

De la formation des loix fiscales, 232

Code des gabelles : ses admirables effets, 233

Code des aides : grand miracle qu'il opere, 234

Code du contrôle, 236

Code des douanes, conversation à la porte d'une ville entre les Jurisconsultes du code & un pauvre voyageur, 237

Effets de ce code, 239

Conjecture sur les globes aérostatiques, 240

Méprise des physiciens, prédictions concernant des globes aérostatiques législatifs & financiers, 242

Vœu pour le Roi & pour nous, 243

Note sur les bureaux de législation & la réforme des loix, 245

TABLE.

Aveu humiliant pour l'auteur, page 246
Bureau de législation dramatique., ibid.
Correspondance dont il est l'occasion. Avis à ceux qui décachetent les lettres, 248
Examen que cette correspondance amene, 254
Grand résultat, 256
Idée sur l'histoire comparée, 257
Question d'histoire naturelle, 259
Helvetius, 260
Saint Flor *** 261
Terr ** 263
Turgot, 264
Malserbes-Lamoignon, 269
Vergennes, ibid.
Note littéraire, choix de vers excellens pour les Rois & les sujets, 270

Fin de la Table.

APOLOGIE
DE LA
BASTILLE.

Il a paru en France, presque sans intervalle, deux ouvrages contre les Prisons d'Etat : le premier regarde le Donjon de Vincennes, & l'Auteur a prudemment gardé l'anonyme : l'objet du second est le Château de la Bastille. L'Auteur est un homme bien connu ; M. Linguet n'a pas craint de se montrer en mettant une mer entre son livre & lui.

Quand je lus ces deux libelles (car c'est leur nom,) j'en fus indigné jus-

ques au fond de l'ame. Je ne suis pourtant ni Geolier, ni Questionnaire, ni Commis de bureaux ; je ne suis rien, & je sais peu ; mais je suis assez bon François, & sais assez de bonne politique pour détester ces scandaleuses productions : sans autre talent que mon indignation j'allois prendre la plume pour les confondre ; mais j'avoue que l'estampe qui sert de frontispice à l'ouvrage de M. Linguet, m'arrêta tout-à-coup : on y voit clairement la Bastille foudroyée & détruite. Chacun sait quel est aujourd'hui le poids des estampes : on les respecte bien plus que les écrits. Je me dis donc : attendons, peut-être sous quinzaine la Bastille sera placé marchande ou maison à louer ; que serviroit d'écrire pour la défendre ? Elle aura reçu le dernier coup de marteau avant que j'aie pu tracer le dernier trait de plume, & je m'abstins : cependant quinze jours, un mois, six mois, une année se sont écoulés, & malgré
l'estampe,

l'eftampe, chofe étonnante ! la Baftille eft encore de bout : ceci du moins me prouve que le Gouvernement délibere. C'eft beaucoup ; mais ce n'eft point affez. Après la délibération, quelle fera là réfolution ? Il fe peut après tout qu'elle foit fatale à la Baftille ; mais lui fût-elle favorable, il ne fuffit pas que la partie gouvernante faffe bien, il faut encore que la partie gouvernée en foit convaincue. L'opinion publique eft aujourd'hui le fel qui affaifonne & conferve tout ce que le Gouvernement fait pour le public. Je reprends donc mon projet, & je veux confondre les deux libelles ; ou plutôt je ne m'attacherai qu'à celui de M. Linguet: *Uno avulfo deficit alter.*

Cet ouvrage (fi je puis dire ainfi) eft exprimé de la moëlle des os ; l'ame de l'Auteur y éclate toute entiere : on croit le voir, fa plume à la main, comme une torche allumée, defcendre du haut de chaque page tel qu'un

A

Grenadier à l'affaut defcend du haut de la muraille dans la place qu'il veut faccager. Il regne dans cet ouvrage un naturel ou plutôt un art vraiment diabolique : toutes les idées brouillées exprès défigurent enfin leur objet au point de faire trembler d'être françois, que dis-je ? d'approcher de la France.

Mais voici : ce qui met le comble à l'illufion : ces écrivains ne font point des faifeurs de fyftêmes ; il n'eft point ici queftion de vaines théories, mais de leurs propres expériences. On ne fauroit les comparer à ces ingénieurs timides qui deffinent une place ennemie au bout d'une lunette à longue vue : ce font des foldats transfuges, ou plutôt des efpions qui fortent de la place même, & n'en fortent qu'après une réfidence très-fuffifante pour tracer, à leur rifque & périls un deffein correct de toutes les dimenfions intérieures. Comment fe défier de leur ouvrage ? Auffi les a-t-on crus ; & jufqu'au fond de nos Provinces, il n'eſt perſonne qui ne tremble, ou ne s'indigne au nom de la Baſtille. Tant les abus de l'art de l'Imprimerie ſont dangereux ! tant les progrès de ces abus ſont rapides ! Hommes ſages remarquez le bien, cet art a d'abord fureté nos Egliſes, enſuite nos Palais de Juſtice ; il a violé même l'enceinte de notre Hôtel des Fermes : maintenant le voilà qui s'inſinue dans les priſons appellées par excellence *priſons d'état*. Où s'arrêtera ſa licence ? Clefs de St. Pierre, clefs de la Baſtille, paſſe-partout des Fermiers Généraux, rien ne ſera donc plus intact & ſacré ; on ne pourra donc plus rien ſouſtraire aux regards d'une inſolente obſervation !

Laiſſez dire, répondra quelqu'un la Baſtille eſt autre choſe que la religion : par ſon heureuſe conſtitution elle ſuffit ſeule pour ſe faire raiſon de tous ſes ennemis.

Je connois, & reſpecte autant

qu'un autre la force de ces argumens, appellés argumens *ad hominem*, je conviens qu'un homme ferré de près à la Baftille n'a plus rien de bon à dire contre la Baftille; mais plus ces fortes d'argumens paroiffent convaincans, moins au fond ils perfuadent, & pour moi j'avoue ma délicateffe, je voudrois que la Baftille fût non feulement redoutée comme puiffante, mais eftimée comme néceffaire, mais chérie comme bonne. Tout le monde faura voir un château fort dans la Baftille, mais peu d'hommes favent y difcerner un appui de l'état, une école de fageffe.

D'ailleurs, on ne fonge point à une chofe: il feroit impoffible aujourd'hui de pouffer à tous les détracteurs de la Baftille, cet argument *ad hominem*; pour redreffer ainfi à huis clos tous les jugemens de travers fur cette maifon Royale, il ne faudroit rien moins qu'élever fur les frontieres de la France, la grande muraille dela Chine, tant l'erreur eſt devenue générale ! le ſeul véritable expédient pour la détruire eſt le même qui l'a accréditée : il faut choiſir l'antidote à côté du venin : les eſprits ont été empoiſonnés par des libelles imprimés, on ne peut les guérir que par une apologie imprimée. Le malheur en cela eſt que tous ceux qui ſe mêlent d'écrire, ne ſont jamais ſans quelque ouvrage ſur le chantier, & tous reſſemblent à Archimede, qui aima mieux ſe laiſſer tuer que s'interrompre ; mais moi qui n'eus jamais ni chantier ni ouvrage, j'oſe entreprendre celui-ci ; & tandis que Meſſieurs les beaux eſprits écriront ſur les airs de muſique, les ſavans ſur l'air qu'on reſpire, les politiques ſur l'air du temps ; je vais de tout mon pouvoir leur conſerver à tous l'air de la Baſtille. Je ne me diſſimule point que je ſuis loin de poſſéder l'art de la défenfe au point où M. Linguet a pouffé celui de l'attaque ; mais j'aurai pour moi la vérité : c'eſt tout ce qu'il faut, & même un peu plus qu'il ne faut quand on fait imprimer.

M. Linguet déclare expreſſément qu'il prétend attaquer, non pas la légitimité de la Baſtille, mais ſeulement ſon régime : il reſpecte le fond & n'en veut qu'à la forme. Le fin de la critique, comme on ſait, n'eſt point de réfuter ce que dit un Auteur, mais ce quil ne dit pas : je ſoutiens donc la Baſtille contre M. Linguet dans le fond & dans la forme, dans la légitimité de ſon inſtitution & la douceur de ſon régime : je prétends en un mot juſtifier la choſe & les agens.

Au reſte, je ne demande au Gouvernement qu'une récompenſe bien ſimple pour le ſervice important que je vais lui rendre ; cette récompenſe eſt l'oubli du ſervice même : ainſi penſe un bon citoyen : il ne veut pour falaire d'avoir bien fait que la liberté de faire mieux encore. J'entre en matiere.

M. Linguet parcourt dès l'entrée les Gouvernements anciens & modernes, & n'y trouve rien de femblable à la Baftille ; je fais bien pourquoi, c'eft qu'il ne veut rien y trouver : à Dieu ne plaife que je fois un érudit ; la mode en eft trop paffée, mais à l'aide de quelques dictionnaires ou de quelques tables, il me feroit facile de montrer au contraire, la Baftille par-tout : je prouverois par le raifonnement que les Gouvernemens n'ont pu s'en paffer, & par l'exemple qu'en effet ils ne s'en font point paffés : je prendrois les raifons chez moi, & les exemples de tous côtés. Quon m'en donne le défi, & je m'engage à retrouver la Baftille jufques dans les piramides d'Egypte, jufques dans la tour de Babel. Avec des textes un peu fortement tordus, je voudrois traîner mon lecteur à travers les fiecles de Baſtille en Baſtille juſqu'à la porte S. Antoine. Les Gouvernemens modernes ne m'embarraſſeroient pas davantage ; mais j'abandonne tant de doctrine, & je conſens, moins pour la vérité de la choſe que pour l'honneur de notre Gouvernement, à lui laiſſer, en fait de Baſtille, la gloire de l'invention, j'avance ſimplement trois propoſitions.

La premiere, que la Baſtille eſt de droit divin ; la ſeconde, que la Baſtille eſt de droit poſitif ; la troiſieme, que la Baſtille eſt de droit politique. Ceci une fois ſolidement prouvé, les petits détails ne nous feront gueres de peine : quand on aura montré que le tronc eſt ſain & bien enraciné, il ſera facile de perſuader que les branches portent un fruit qui, pour être un peu âpre & adſtringent, n'en eſt au fond que plus ſalutaire.

La Bastille est de Droit Divin.

Ceci sera expédié en quatre paroles, & j'ai presque honte de trouver tant de facilité à démontrer. Voici mon raisonnement : je supplie quiconque a douté sur l'équité de la Bastille de le bien graver au fond de son cœur.

C'est une vérité incontestable, & nulle nation aujourd'hui ne l'ignore, qu'un Roi ne tient son autorité que de Dieu : or la Bastille & Messieurs ses Gouverneurs ne tiennent leur existence & leur autorité que des Rois : donc leur autorité & leur existence dérivent de Dieu même. On pourroit, en quelque sorte, dire que la Bastille est divine au second degré ; (s'il est permis de mesurer les choses sacrées) : j'ai bien réfléchi, je ne vois rien de solide ni même de spécieux à opposer à ce raisonnement ; aussi je m'y tiens & n'en ferai pas d'autre.

La Bastille est de Droit Positif.

J'espere qu'on ne me niera point que la Bastille soit un fait très-positif : or du fait au droit la conséquence est si infallible, que sur mille fois que vous la tirerez vous ne vous tromperez pas une ; vous ne vous tromperez même jamais, quand vous raisonnerez sur le fait des Rois. *Fait & droit* sont absolument synonymes, du moins quant à leurs sujets.

Concluons donc : la Bastille est pour nous un point de fait très-positif, elle est donc, quant à nous, un véritable point, ou plutôt une partie de notre droit positif.

Mais à quelle branche du droit positif tient-elle ? A celle du droit politique. Aussi ai-je dit & je redis encore que la Bastille forme presque la base de notre droit politique : ceci vaut bien l'honneur d'un article séparé.

La Bastille est du Droit Politique.

Je me borne, & ne veux parler que du droit politique des Monarchies. Montesquieu a distingué dans les Gouvernemens leur nature & leur principe. Je lui passe cette distinction ; mais il a dit, que la nature de la Monarchie étoit d'avoir des pouvoirs intermédiaires : il a dit que le principe de la Monarchie étoit l'honneur, & c'est ce que je ne lui passerai jamais. Ces deux propositions me paroissent deux sottises. Je dis au contraire que la nature d'une Monarchie est de concentrer le pouvoir dans une belle & bonne Bastille, je dis encore que le grand principe d'une Monarchie, c'est l'énergie d'une Bastille.

On crie maintenant de tous côtés : des faits & point de systêmes, & certes on a grande raison. Quand avons-nous en effet vu plus d'éclat, plus de prospérité dans le Gouvernement François ? Quand cette Monarchie a-t-elle (fi je puis ainfi dire) paru plus véritablement Monarchie ? Lorfque Louis XV, d'un mot de fa bouche, d'un clin d'œil, anéantit un beau matin tous les pouvoirs intermédiaires. Lorfque tous ces fantômes de Montefquieu difparurent, & qu'il ne refta plus rien entre le trône & la nation ; ce fut alors que leur union fut intime, & qu'il s'en forma une félicité inefpérée & tout-à-fait inconnue : alors on vit les François déferter les Provinces, accourir à la Capitale pour y jouir des fpectacles de toute efpece qui enchantoient les yeux & les cœurs. Que d'éclat ! que de luxe ! que de fêtes ! Alors les filles de joie, faciles autrefois à compter, furent dans les rues de Paris comme le fable fur les bords de la mer : alors des fortunes que plufieurs générations n'auroient pu accumuler s'élevoient foudain, comme par enchantement, & le Peuple François, plus heureux cent fois que les Romains qui vouloient des spectacles & du pain, se trouvoit au comble de la félicité avec des spectacles sans un morceau de pain.

A cet éclat, à ces plaisirs, à cette ivresse joignez, ce qui est presque incompatible, une philosophie si générale & si vraie, qu'on nous vit peu de temps avant pousser l'humanité jusqu'à nous laisser battre sur mer & sur terre, pour expédier plutôt la guerre, & rendre à l'Europe la paix, fille de la philosophie & mere du bonheur public.

Après des faits de cette force, n'est-ce pas une dérision de venir nous parler de *pouvoirs intermédiaires* ? Ecoutez ces hommes à système, & vous croirez qu'en supprimant ces pouvoirs, toutes les parties d'une Monarchie vont tomber, & se séparer comme les épis d'une gerbe de bled dont on rompt le lien quand on veut la fouler;

cependant vous voyez l'expérience. Quel étoit donc, (& c'eſt à quoi j'en veux venir) quel étoit le taliſman qui dans la rupture de ces prétendus liens de l'Etat le maintenoit en ſon entier ? Ce taliſman, conſervé dans les murs de la Baſtille, étoit la crainte : c'étoit la Baſtille même. Qu'aura-t-on à me dire maintenant, ſi je conclus que tout ce fatras de pouvoirs intermédiaires n'eſt qu'un verbiage d'Auteur, & que la véritable nature, l'eſſence de la Monarchie eſt d'avoir une Baſtille & pluſieurs Baſtilles ; plus & mieux.

Monteſquieu a dit : la vertu eſt le principe des Républiques, la crainte eſt celui du deſpotiſme, & l'honneur enfin eſt le principe de la Monarchie : que d'erreurs ! Ce pauvre grand homme s'eſt enivré de ſyſtême, & c'eſt bien dommage. L'honneur eſt donc le principe des Monarchies, & moi qui ſuis de ſang froid je lui apprends, afin qu'il le fache, que le vrai principe d'une Monarchie folide eft une Baftille quelconque. Mais il ne fuffit pas d'alléguer ; il faut prouver, que dis-je ? il faut démontrer.

Tout Lecteur qui fait un peu réfléchir & mâcher fes lectures ; s'apperçoit bien vîte qu'en cet endroit, ainfi qu'en plufieurs autres, il eft arrivé à Montefquieu un accident fort commun à Meffieurs les Auteurs de politique, je veux dire l'accident de ne point s'entendre foi-même ; Montefquieu paroît le fentir ; on le voit tout-à-fait embarraffé de fon honneur. Il voudroit le définir, & tout ce qui eft autour de ce mot lui réfifte : d'abord il définit l'honneur, *le préjugé de chaque perfonne & de chaque condition.* Et cette définition ne fait qu'ajouter un voile à un voile : enfuite on voit Montefquieu prendre l'honneur, tantôt pour le defir général de la diftinction & de l'eftime, tantôt pour la vanité, ou ce defir particulier d'une diftinction frivole & même vicieufe ; ailleurs, vous croirez que *l'honneur* eft l'orgueil ou l'eftime de foi-même : puis il mêlera toutes ces idées, & *l'honneur* paroîtra un compofé d'orgueil & de vanité, ... Mais avant de m'engager plus avant dans ce labyrinthe de Montefquieu, je demande pardon au Lecteur de tant raifonner ; je voudrois de tout mon cœur ne raifonner jamais, comment faire ? Il eft des occafions fâcheufes où l'on eft forcé de fortir de fon efprit & de fes mefures : car enfin je ne puis fonder un peu folidement la Baftille que fur les ruines de l'honneur : or pour ruiner, il faut frapper, il faut féparer, & cela prend de l'attention & du temps. Le Lecteur eft libre de fauter, quant à moi je dois pourfuivre & je pourfuis.

Je l'ai déjà dit, & je le répete comme une chofe abfolument inconteftable. Le plus haut point de la profpérité

périté de cette grande Monarchie fut le regne de Louis XV : c'eſt à cette époque qu'un politique doit meſurer l'énergie du vrai principe de ce Gouvernement. Or étoit-ce l'honneur ? dans quelle partie de l'Etat ; dans quelle claſſe de Citoyens trouverez-vous que l'honneur animât tout ; fit tout proſpérer ? Le trouverez-vous ce principe dans la haute Nobleſſe ; lorſqu'on voyoit les plus grands Seigneurs nier leurs dettes , fabriquer des billets , mettre l'honneur à ſe ruiner pour des femmes ſans honneur , & faire enfin de leur dépravation même une nouvelle eſpece de ſpectacle public , inouï pour la nation. Cependant , qui l'auroit penſé ? Ces mœurs, ce ſpectacle même avoient leur utilité en politique , ils occupoient & amuſoient les François ; (ce qui n'eſt pas peu de choſe ,) en même-temps ils alimentoient le commerce qui circuloit plus rapidement du premier étage au dernier : mais ce qui

B

est plus important, les vices des grands Seigneurs, en les confondant avec les derniers Plébeïens, rapprochoient heureusement la distance des rangs un peu trop séparés en France, & ramenoient sans cesse cette idée si douce de l'égalité, seule base de toute vraie politique.

Si je demandois à Montesquieu, Président à Mortier, quel est l'honneur d'un Magistrat, je me flatte qu'il répondroit : d'être grave dans ses manieres, integre dans ses mœurs, savant dans les loix, vigilant & appliqué à les faire observer. S'il est ainsi : l'honneur étoit-il dans notre Magistrature, laquelle faisoit pourtant alors des miracles ?

Tout homme sensé dira que l'honneur d'un Négociant est de conserver par une sage économie des richesses acquises par l'industrie & la bonne foi ; mais comment concilier cet honneur avec les banqueroutes devenues sous

Louis XV méthode de commerce, & principe de richesse ?

Je puis me tromper, mais j'ose dire que l'honneur d'un Evêque consiste dans la science de la Religion unie à sa constante pratique : n'étoit-ce donc pas une chose vraiment admirable que le plus haut Clergé soutînt la Religion sans la pratiquer ni même la savoir ?

Enfin, s'il m'étoit permis à moi, pigmée, de recueillir les pensées de Louis XVI, de notre jeune Roi, j'y découvrirois, sans aucun doute, que l'honneur d'un Roi est l'amour de ses Sujets : certainement son prédécesseur avoit d'autres amours en tête. Et cependant tout alloit au mieux.

Quant à l'honneur considéré dans le peuple...... Mais il est inutile d'en parler : l'honneur n'est pas fait pour lui ; il n'a garde d'y prétendre : quiconque manque du nécessaire ne s'amuse gueres à ce petit superflu de l'honneur d'ailleurs, quand on raisonne en vrai:

politique fur une nation, le Peuple n'eſt jamais conſidéré : c'eſt la regle. Il ne fait que nombre & jamais poids.

D'après ces différens points de vue, choiſis dans la plus heureuſe époque de la plus belle Monarchie de l'univers, que penſer du principe de Monteſquieu ? Ce qu'on doit penſer de tout ſyſtême : c'eſt le rêve d'un homme éveillé.

Mais ſi l'honneur n'eſt point le principe de la Monarchie, ne ſeroit-ce point la ſeule force des loix, & ne ſuffiroient-elles pas pour la faire ſubſiſter ? Monteſquieu lui-même l'a fait entendre, & ſemble en cela ſe contredire : mais je ſoutiens que les loix ne ſont pas plus le ſoutien de la Monarchie que l'honneur. Ce ſoutien ſolide, ce principe véritable ; revenons en toujours là, c'eſt la Baſtille. Quelle fureur d'aller embarraſſer la politique de ces êtres métaphyſiques ; de *vertu*, *d'honneur*, de *juſtice*, &c. Que perſonne ne voit & ne verra, tandis qu'il ne faudroit au Gouvernement d'autre ressort que de bons ressorts de serrure, & d'autre fondement que les fondemens de quelques fortes murailles. Ce n'est point là de la métaphysique subtile ; les Serruriers & les Maçons sont, Dieu merci, gens qu'on voit & qu'on entend.

On parle des loix : mais que sont ces loix dont on fait tant de bruit ? Lecteur ne vous laissez pas prendre à la glu des grands mots. L'eau qui distille goutte à goutte perce, dit-on, le plus dur rocher. Cette vérité physique peut offrir une image de la foiblesse des loix. Figurez-vous en effet l'ambition & l'avarice, ces maîtresses passions, dévançant de bien loin la lumiere du jour pour reveiller à grands cris tous les vices subalternes qui travaillent sous elles Le vice ne dort que d'un œil ; aussitôt voilà la troupe scélérate sur pied,

& je crois les voir tous entrer pêle mêle dans un grand attelier de chymie, jamais il n'y en eut de plus complet, nul inftrument n'y manque; à l'inftant la bande fe partage en différens travaux ; alembics, fourneaux, foufflets tout eft en l'air : les uns préparent avec une activité incroyable une liqueur plus corrofive que l'eau forte ; les autres en la recevant de leurs mains, s'occupent fans relâche à la faire diftiller goutte à goutte fur des tables d'airain où les loix font gravées ; infenfiblement ils en effacent les facrés caracteres, & ne laiffant que le titre de *Loix*, quand la table eft rafe, ces infames Artiftes, à l'aide de leur acide pénétrant, y fillonnent, à leur gré, de nouveaux caracteres, qui expriment des ordres utiles pour eux feuls, & funeftes à tous les autres; c'eft alors que l'ambition & l'avarice, les yeux remplis d'une joie cruelle, avec un souris perfide qui échappe au travers des doigts dont elles se couvrent la bouche, sortent seules de leur attelier où leurs complices restent cachés elles sonnent de la trompette, appellent le peuple, & levant en l'air ces tables mensongeres : hommes, disent-elles, voilà vos loix. Ce peuple, qu'elles ont grand soin de ne pas laisser trop approcher, écoute, entend un ordre funeste, mais il voit un signe respecté : c'est une loi, disent ces infortunés, & ils n'ont pas la force d'en dire davantage, ils tombent à genoux en pleurant.

On me dira peut-être qu'une image ne prouve qu'une imagination, & l'on ajoutera qu'une imagination est une folle par qui tout s'exagere : eh bien, laissons ma folle ; mais du moins, Lecteur écoutez la raison des autres : eh quels autres encore ? Les premiers hommes de l'antiquité : étoient-ce des fous, à votre avis, qui com-

paroient les loix à la toile d'araignée,
Où la guêpe a paſſé le moucehron demeure.

C'étoient des hommes bien senſés aſſurément, qui diſoient que les loix étoient une clef fabriquée pour ouvrir la porte du pauvre & fermer celle du riche. Ils ont dit encore que ſi les hommes ſont ſages, les loix ſont ſuperflues, & s'ils ſont méchants elles ne ſont jamais *ſuffiſantes*. Ils ont dit que les loix ſont trop fortes avec les foibles, & trop foibles avec les forts. Ils ont dit.... eh! que n'a-t-on pas dit contre les loix..... & toujours avec raiſon.

Ceux que les loix ne contentent pas, les croyez-vous plus ſatisfaits de leurs Miniſtres? Quand par un haſard fort rare les loix ſont ſupportables, diſent-ils, la Magiſtrature ne vaut rien; & quand par un haſard encore plus rare la Magiſtrature eſt bonne, alors les loix ſont déteſtables; & le plus ordinaire eſt que ni l'un ni l'autre ne vaut gueres.

Telle fut, telle est & sera l'opinion de tous les hommes sages de tous les temps & de tous les pays: ils se sont accordés & s'accorderont toujours à regarder les loix & leur sequele, comme un remede peu proportionné aux maux de la société. C'est ce que Solon entendoit, en disant qu'il avoit donné aux Athéniens des loix, non pas bonnes, mais convenables: c'est ce que Platon avouoit en composant sa République chimérique. En effet, quiconque veut tracer un plan de bonne législation est réduit à faire un roman.

Mais ces hommes sages, les *Anacharsis*, les *Platons*, les *Solons* & tant d'autres, qui estimoient fort peu ces loix anciennes, devant lesquelles nous nous mettons à genoux, que penseront-ils de notre législation en particulier? Figurez-vous par plaisir *Zaleucus*, *Minos*, *Lycurge*, *Solon*, *Platon*, *Aristote*, & toutes ces barbes vénérables lisants nos Coutumes, nos Ordonnances, & sur-tout ces Edits qui nous promettent tous le bonheur *moyennant finance* : espece de corps singulier dont le préambule est une tête qui ne parle que de donner, & les articles sont des mains qui ne s'étendent que pour prendre. A la lecture de ces plaisans contrastes, la vénérable antiquité de pouffer de rire ou de nous prendre en pitié.

Voulez-vous enfin une autorité bien tranchante, lisez dans le premier de nos philosophes modernes le Chapitre du livre de Pantagruel, sur *gripe minaud & les chats fourrés* : riez en ; Lecteur, mais ne vous en moquez pas : le comique de Rabelais vaut bien le sérieux d'un autre.

Mais laissons ces gens-là : je prie seulement d'observer une chose. Nos Jurisconsultes mêmes, & nos Magistrats sont de tous les hommes du Royaume ceux qui se défient le plus de nos loix & de notre Magistrature : à peu près comme les Médecins sont ceux qui usent le moins de leurs remedes : *Accommoder le bon procès & plaider le mauvais*, est devenu proverbe. On dit au Palais que *la forme emporte le fonds*, comme on dit, d'un homme qui tombe d'une fenêtre en bas que *le cul*, (ce n'est pas moi, qui parle, c'est l'adage) *emporte la tête*. Je demande très-humblement pardon de cette comparaison à Messieurs les Avocats qui dirigent la tête des procès, mais ils savent bien en leur conscience, que malgré leurs efforts, ils sont presque toujours culbutés par Messieurs les Procureurs qui dirigent le reste.

J'ai consulté sur ce point, avec toute la bonne foi dont je suis capable, des hommes d'âge & d'expérience ; & tous m'ont avoué tête à tête, à condition que je ne les citerois pas, que l'usage de nos loix leur en découvroit

tous les jours plus les défauts, ils me disoient dans l'amertume de leur ame : « ces loix si nombreuses ; ces
» loix qui ont écrit des codes entiers
» sur l'aîle d'une mouche ; ces loix,
» qui seulement à brûler ce qu'elles
» ont fait pour les fermes générales
» fourniroient de quoi chauffer le bain
» de plusieurs maîtresses de financiers;
» ces loix infinies ne décident nette-
» ment que ce que vous ne leur deman-
» dez pas : à l'user elles ne prévoient
» rien, ne remedient à rien; elles sont
» infinies à la maniere du cercle,
» courbes & sans issue comme lui. »
Vous me direz peut-être que je raconte les exagérations de quelque Magistrat dégoûté ou d'un Avocat piqué; je le veux bien : retranchez en ce que vous voudrez. Quelle différence il restera toujours entre nos loix & la Bastille ! comparez, si vous l'osez, ces loix si bavardes & si muettes à la fois, avec ces décrets si mâles, si fiers, si

laconiques de la Baſtille. J'oſerois trouver entre ces choſes la même diſtance qu'entre les loix d'un ſimple mortel & & ces décrets divins prononcés ſur le *Sinaï* dans la nuit, & le ſilence, interrompus par les éclairs & le tonnerre. Cette Baſtille en effet eſt bien étonnante, ſans avoir rien prévu elle peut remédier à tout ; dans la brieve enceinte de ſes murailles, la ſageſſe qui la traça a comme renfermés tous les cas poſſibles & impoſſibles. Semblable à ces anciens oracles, un Miniſtre n'a qu'à la conſulter, & du fonds de ce ſanctuaire un je ne ſais quel Dieu répond à tout, éclaircit tout, met ordre à tout. Citons quelques exemples.

Un Miniſtre des Finances, ou de la Guerre ou de la Marine inventent, l'un une nouvelle méthode de tirer l'argent du peuple, l'autre une nouvelle maniere de tuer ſur terre, le troiſieme une nouvelle maniere de tuer ſur mer, & tous imaginent à merveilles. L'Etat va prospérer : la chose est claire, lorsqu'un brouillon, un ennemi public s'avise de dire à l'oreille de son ami que ces Messieurs se trompent; cet ami, ce qui n'est point rare, se trouve un honnête espion, qui s'en va conter la chose au Ministre, & de peur de rien omettre, il en ajoute dix fois davantage : voilà un Ministre qui se trouble & perd le calme si nécessaire au gouvernement. L'Etat entier souffre, chancelle; comment punira-t-on le coupable indiscret cause de tant de maux ? Cet ennemi de l'Etat & du Roi ! Interrogez les loix ; que prononcent elles ? Rien : maintenant interrogez la Bastille : sa réponse est prête. A sa promptitude, vous diriez que le cas présent a été prévu dès la fondation de ses murailles : EMPRISONNEZ. Et remarquez bien une fois pour toutes que cette décision si simple, si brieve, est toujours la même ; c'est une de ces formules d'algebre tant cherchées, si chéries des géometres pour réfoudre une multitude de problêmes. Ce qu'on cherche dans les autres loix & ce qu'on n'y trouve jamais enfemble, la briéveté, la fimplicité & l'uniformité, vous le trouverez toujours dans ce code de la Baftille, chofe admirable ! toute une légiflation eft contenue en une feule parole : EMPRISONNEZ.

Mais pourfuivons : j'ai parlé d'un rebelle qui troubloit les Miniftres de l'Etat, & j'ai montré l'infuffifance des loix : paffons leur cette premiere omiffion : fi elles négligent le repos des Miniftres, du moins elles veilleront à celui des commis. Vous favez fans doute, ami Lecteur, que les commis des bureaux font au gouvernement ce que le balancier eft à l'horloge. Le public ne voit marcher que les éguilles & croit qu'elles font tout, tandis que le balancier, que perfonne n'apperçoit, dirige en fecret tous les mouvémens. Que feroit donc un homme, qui oferoit arrêter, toucher, regarder même de trop près ces balanciers de l'Etat, qui troubleroit feulement la digeftion d'un premier commis ? Belle queftion ! Il feroit criminel de lese-Majefté ; au chef d'un commis, c'eft-à-dire, au premier chef. S'il eft ainfi, que prononcent nos loix pour fa peine ? rien..... Quoi ! rien ? rien vous dis-je : mais à leur place écoutez le code de la Baftille EMPRISONNEZ. O fimplicité féconde ! fimplicité vraiment admirable, vraiment antique, quand nos loix vous imiteront-elles ?

Je n'ai rien dit encore : ce qui fait le fuccès du travail, c'eft le choix & l'emploi des diftractions : c'eft dans le plaifir que l'homme puife des forces pour une application nouvelle : de tous les plaifirs le plus propre fans doute à bien diftraire : c'eft l'amour : jugez donc après cela, de quelle importance il eft pour l'Etat de ménager, de
respecter

respecter la maîtresse d'un Ministre, d'un commis, d'un sous commis : car tout se tient, tout cela fait anneau dans la chaîne du gouvernement : cependant, ô pudeur ! ouvrez nos codes & vous ne trouverez pas une loi, pas une ligne, pas une syllabe pour protéger ces femmes utiles, ces femmes sans cesse occupées à remonter les ressorts du Gouvernement qui se relâchent par leurs propres efforts. Qu'un insolent les outrage par une chanson, par une épigrame ; qu'il ose attaquer leur désintéressement, leurs mœurs : & cet homme, nos loix à la main, pourra marcher impuni à la face du ciel & de la terre

Mais, graces au ciel, nous avons une Bastille ; c'est-là que la justice & la vengeance s'unissent, & crient du fond de ce tribunal, d'une voix terrible : EMPRISONNEZ.

Enfin si je suis forcé d'accorder quelque chose à ces hommes infatués des loix : je leur dirai : deux grandes loix gouvernent féparément le monde; l'une eſt la loi du plus fin, l'autre eſt la loi du plus fort. La Baſtille, par une économie admirable, unit ces deux loix pour gouverner un grand Empire : par la loi du plus fin elle faiſit les ennemis de l'Etat; par la loi du plus fort elle les garde. Voilà tout ce que je puis en honneur & en conſcience céder aux loix dans un gouvernement bien entendu.

Je m'arrête, & je ſens que je fatiguerois le lecteur des perfections de la Baſtille autant que des défauts de nos loix : que ceci me ſuffiſe donc pour revenir à ma grande propoſition : que la Baſtille & toute maiſon pareille ſont le principe, (j'avois dit d'abord d'une bonne Monarchie), mais ce n'étoit point aſſez, je dis maintenant, de tout bon Gouvernement. Je me crois en droit de m'établir dans cette idée, comme dans un poste d'où Montesquieu & ses adhérans n'oseront me chasser, où nous verrons beau jeu.

Cependant, dans un sujet de cette importance, j'aime mieux être diffus que tronqué. Pour expliquer davantage mes idées sur la Bastille, je vais employer une comparaison dont le sujet est connu & chéri de tous les honnêtes gens, c'est le vin : comment se forme & se perfectionne cette liqueur qui fait le charme & la consolation de la vie, qui émousse le chagrin, & rend le plaisir plus piquant ? Il faut sur-tout deux choses, l'épurer de sa lie, & contenir l'évaporation de ses esprits : & voilà précisément le modele de la perfection, ou, si vous voulez, du *perfectionnement* de la société civile : elle a une lie grossiere qu'on laisse déposer dans les prisons publiques, telles que nos Conciergeries : elle a des esprits & un certain phlogistique, dont il faut contenir les efforts, telle est la fonction de nos Bastilles : & comme on cercle même avec le fer, (remarquez bien ceci) les tonneaux remplis d'un vin fumeux ; de même les sociétés bien policées emploient des murs de 10 & 20 pieds d'épaisseur, selon l'ardeur des esprits qu'elles veulent réprimer. La comparaison peut clocher par plusieurs côtés ; mais je soutiendrai toujours jusques à ma derniere plume, qu'avec ces deux précautions fort simples, des Conciergeries & des Bastilles, vous aurez en dépit de tous les *Jean-Jacques*, & de tous les *Linguets* de l'univers des sociétés civiles parfaites à peu de chose près.

Ce qui m'enchante sur-tout dans la Bastille, ce qui la rend admirable à mes yeux, c'est que non-seulement elle contient, mais elle corrige ; elle unit au plus haut point de perfection tous les caracteres que les bonnes loix criminelles exigent si vainement dans les peines. Expliquons ceci : c'eſt un nouveau rapport ſous lequel on peut conſidérer la Baſtille ; & je ne ſais, toute réflexion faite, ſi ce n'eſt pas le ſeul véritable.

Ces hommes *phlogiſtiqués* & trop *fermentans*, qu'il s'agit de contenir ſoigneuſement dans un Etat bien policé nuiſent ou peuvent nuire de deux manieres, par leurs penſées & par leurs actions : il faut donc corriger ces deux excès, & pour tout dire, il s'agit de leur apprendre deux choſes bien difficiles pour un François : le ſilence & le repos ; tel fut en grande partie l'objet de la Baſtille. Quelle inſtitution en eut jamais un plus noble ? Sous ce point de vue, qu'eſt-ce qu'une Baſtille en France ? Une école de ſageſſe, où ce Gouvernement fait enſeigner, à portes fermées, la diſcrétion & la quiétude, au milieu d'une nation, accuſée par toutes les autres nations d'enfanter le plus d'hommes indiſcrets & inquiets.

Mais pourquoi fermer ainſi les portes d'une école publique ?

Je réponds que la nature des leçons & le caractere des diſciples, rendent cette précaution indiſpenſable. Dans les maladies du corps, les malades vont chercher les Médecins, mais dans les maladies de l'ame, les Médecins ſont obligés de courir après les malades : eſſayez en effet, pour voir, d'ouvrir un peu les portes de votre école, & vous me direz quels diſciples y reſteront. L'Evangile, occupé du bien de la vie future, a dit : *Contrains-les d'entrer* : mais la loi vivante de la Baſtille a été obligée d'ajouter, pour le bien de la vie préſente : *Contrains-les de reſter* ; & ces deux préceptes, qui ſe rapportent l'un à l'autre, ont fait des biens infinis aux hommes, qui abuſent toujours de leur liberté.

En réfléchiſſant profondément ſur les perfections de la Baſtille, dont par discrétion je ne dis pas la motié, je me suis toujours étonné que M. de Voltaire ait laissé faire au Docteur Panglofs, homme d'ailleurs bien estimable, la bevue de placer le point central de l'optimisme dans le château de Ter-tun-den-trunch : il est bien loin de ce château-là ; & si j'avois l'honneur de faire seulement un quart-d'heure de conversation avec M. le Docteur, je me flatte, malgré sa prévention, que je le ferois convenir de son erreur.

M. de Voltaire, tout Voltaire qu'il est, a dit pour son propre compte une sottise bien plus insigne : c'est ici le lieu de le confondre sans réplique attendu qu'il est mort. *J'admire*, ce sont ses propres termes, *j'admire la facilité avec laquelle on dépense* 12 *ou* 1500 *liv. pour tenir un homme à la Bastille, & combien il est difficile d'obtenir une pension de cent écus.* Quoi ! dirois-je respectueusement à M. de Voltaire,

« vous ne vous recriez point aut scandale
» d'un Financier, sacrifiant gaillarde-
» ment quarante louis pour la folie
» d'une nuit, qui n'est assurément ni
» aussi longue, ni aussi scrupuleuse-
» ment employée que celle du bon
» Jupiter pour Alcmene, & vous chi-
» caneriez le Gouvernement quand,
» pour la même somme, il s'agit
» de la sagesse de toute une vie pour
» un de ses sujets, pour un de ses
» enfans ! » pour moi, toutes les
fois que ces réflexions me saisissent, je
m'étonne au contraire du mince salaire d'un Gouverneur de la Bastille.
Quarante mille livres de rente pour
tout ce qu'il fait ! c'est une pitié ; il y
est encore du sien. Le bénéfice après
tout, doit se mesurer sur l'Office; & la
grandeur de l'honoraire, sur le péril
de l'honneur ; & voyez de grace à
quelles calomnies infames il s'expose !
Cette idée fait trembler de la tête aux
pieds : j'aimerois mieux me voir affu-

blé d'un *Sanbenito* dans un autadofé, que d'un libelle de Linguet; je ne fais, en vérité, comment on peut, à ce prix, trouver un Gouverneur de la Bastille. Quel courage, quel mérite singulier cet homme doit avoir !

Je fais sur ce sujet une réflexion que je propose discrétement à mon Lecteur, pourvu toutefois qu'il ne soit pas fort riche, car alors il voudra l'être encore davantage. Je lui dis donc : lisez, je vous prie, attentivement (ce qui n'est pas commun) l'Emile de Jean-Jacques, j'ose vous prédire qu'avant la fin du second tome vous fermerez le livre, en vous disant : « Voilà
» qui est fait, je ne veux plus ni femme
» ni enfant : quiconque est mari peut
» être pere, & quiconque est pere,
» doit être le seul instituteur de ses
» enfans. Mais cet emploi me passe
» de trop loin : il exige deux choses
» que je n'aurai jamais ; une imper-
» turbable sagesse & une sagacité tou-

» jours judicieuſe ; ſoit pere qui
» voudra, ce ne ſera pas moi : l'é-
» ducation eſt impoſſible .» Je ſuppoſe maintenant, qu'après avoir dé-
ſobéi nettement à l'ordre poſitif que
vous intime la nature d'être pere, &
de gouverner vos enfans, vous rece-
viez un ordre du Roi pour gouverner
la Baſtille : honnête & cher Lecteur,
que feriez-vous ? Je le ſais comme vous-
même ; vous courreriez à Verſailles vous
jetter aux pieds de votre bon & jeune
Roi, & vous lui diriez : « Sire, je
» n'en ſuis pas digne. Moi qui n'oſe-
» rois confier à moi-même le gou-
» vernement de mon fils, de quel
» front irois-je me charger de celui
» de tant d'hommes faits ? S'il m'eſt
» ſi difficile de former un enfant à la
» vertu, pourrai-je réformer des
» hommes déjà vicieux ? Sire, placez-
» moi ſur une breche, ſur une mine ;
» ordonnez-moi le ſacrifice de mes
» jours & de mes nuits, de ma vie

» même, me voilà prêt ; mais me
» faire Gouverneur de la Bastille ! Ah !
» Sire, je n'en suis pas digne. » Ami
Lecteur, croyez - moi, Louis XVI,
vous excuseroit, vous estimeroit, &
cette estime vaudroit bien quarante
mille livres de rente, bien payées &
mal acquises.

Mais, dira-t-on, quelle idée vous
faites-vous donc d'un Gouverneur de
la Bastille ? La plus haute ; je dirois
presque sublime. Un Gouverneur de la
Bastille est, à mes yeux, un sage honoré du choix du Gouvernement pour
l'éducation, non pas des enfans, non
pas même des hommes faits, mais des
hommes à refaire : il doit les assouplir à l'exercice des vertus les plus
rares chez tous les hommes, mais
presque impossibles pour des François.
Un Gouverneur de la Bastille est une
espece de Pytagore à Paris, chargé de
conduire ses concitoyens, les plus indociles à la discrétion par le silence, à

la modération par l'inaction, à la tempérance par l'abstinence; enfin, c'est un médecin des ames, un maître de sagesse, un ministre essentiel du Gouvernement, le directeur du plus grand de ses ressorts; & cet homme, tel que je le peins, est le même qu'un Ecrivain, frénétique encore plus qu'ingrat, couvre d'opprobre à la face de l'imbécille Europe qui daigne l'écouter.

Un jour, un médecin habile traitoit un malade travaillé d'une fievre chaude; après l'avoir fait lier, comme de raison, il lui appliqua quelques vésicatoires un peu cuisants. Dans l'accès de sa douleur, le malade rompit sa chaîne, s'enfuit; & quand il fut à distance, d'une main furieuse, lança au pauvre médecin un morceau de sa chaîne, & lui fit au front une blessure dont la cicatrice marquera toujours.

Que veux-je dire ici? l'histoire de M. Linguet & de son Gouverneur: le salaire d'avoir entrepris la cure de ce furieux est une blessure affreuse, marquée par une cicatrice ineffaçable.

Lisez, lisez bien ce libelle odieux, & dites-moi si vous ne croiriez pas que Tisiphone est sortie exprès de sa demeure infernale pour forcer les portes de la Bastille, & que là, armée de son fouet de viperes, elle fesse à tour de bras M. le Gouverneur, fuyant devant elle en mugissant sous ces voutes, qui semblent retentir pour le plaindre.

Qui croira ce libelle, direz-vous ? Hélas ! tout le monde. Le privilege de la calomnie n'est-il pas d'être crue, comme le malheur de la pauvre vérité est d'être éconduite, & préalablement sifflée. Qui croira ce libelle ? Toute l'Angleterre, avide de ce qui avilit les François ; toute la France, avide de ce qui est nouveau, & plus avide de ce qui est malin. Qui le croira ? Toute la terre, hors les prisonniers raisonnables de la Bastille, qui ne pourront dissuader personne, & moi peut-être, qui commence à craindre d'avoir perdu mon temps & ma peine.

Oui, tel eſt l'effet de ce libelle inflammatoire, que je ne ferois point étonné qu'un brave Militaire, un Capitaine de Grenadiers, digne Chevalier de St. Louis, trouvant M. le Gouverneur face à face, le faiſît par ſa boutonniere, & lui dît : *Geolier, quitte ta Croix, ſinon je quitte la mienne, rien de commun entre l'honneur & le déshonneur.*

Je ne ferois point ſurpris que le viſage d'un Gouverneur de la Baſtille devînt la tête de Méduſe ; que celui qui auroit commencé une phraſe reſtât la bouche ouverte & la parole ſuſpendue à l'aſpect de M. le Gouverneur ; que tel qui auroit avancé le pied pâlit & reculât de frayeur à l'aſpect de M. le Gouverneur ; que toutes les nourrices choiſiſſent le nom d'un Gouverneur de la Baſtille pour faire peur aux petits enfants. Vertu, ſageſſe humanité, ah! vous êtes des noms bien vains parmi les hommes, puisqu'il leur est si facile de vous méconnoître & de vous outrager ! On dit que le sage, insensible aux discours téméraires s'enveloppe de sa vertu ; & moi je dis à la vertu d'un Gouverneur de la Bastille : enveloppez vous bien de vos murailles & gardez vous d'en sortir ; tous les yeux sont fascinés ; à deux pas de votre enceinte, on vous prendroit pour le vice : attendez du moins pour vous montrer que cette apologie de la Bastille, laquelle assurément est forte : (c'est de l'apologie que je parle) soit unanimement louée par tous les Journaux de l'univers & sur-tout par les papiers Anglois.

En attendant la pénitence de l'opinion publique, qu'il me soit permis de faire quelques réflexions utiles & frappantes sur le génie de notre nation, & l'état actuel de notre politique.

Voilà un libelle contre la Bastille,

contre le *Palladium* de l'Etat, la pierre Angulaire de la Monarchie : cet écrit eſt violent ; il eſt bien fait, très-ſéduiſant ; il met la Baſtille en péril, & cependant nul ne s'en doute, ou ne s'en inquiete ; quand j'ai voulu, moi, qui ai le cœur citoyen, me remuer & réveiller mes voiſins ſur ce grand intérêt, que m'ont répondu même les plus ſenſés ? « Voulez-vous » étayer le Ciel ? la Baſtille eſt éter- » nelle ; le faîte de ſes tours s'élé- » vera ſur votre tombeau & ceux de » vos petits enfans. » Cela dit : les uns ſe rendormoient, les autres chantoient ; & ce qui eſt bien ſingulier, ils s'inquiétoient ſur leur maniere de chanter. En vérité, nous ſommes une nation bien bizarre, perſonne ne nous écoute, convenons-en franchement : nous ne vivons qu'au jour la journée ; nous ne craignons rien ; nous ne prévoyons rien, pas même le changement de nos modes. On nous
voit

toit livrés à la derniere avec la même fureur que si elle devoit être éternelle ; chacun s'en pourvoiroit volontiers pour cent ans. Ce qui est aujourd'hui , nous croyons qu'il sera demain , qu'il sera toujours. Un nouveau Ministre est-il nommé ? écoutez-le louer ; vous jugeriez qu'il ne doit jamais être disgracié ; qu'il est cloué & rivé à sa place. Paye-t-on un quartier des rentes de l'Hôtel-de-Ville ? nous porterions dès ce jour même le reste de notre fortune au trésor Royal ; qui peut douter qu'on paye toujours de même ? C'est ainsi que nous jugeons de la Bastille : elle est depuis long-temps , donc elle ne cessera jamais d'être ; mais nous , cervelles sensées, nous qui posons le bâton avant le pied , & ne marchons qu'à tâtons dans l'avenir , nous en trouvons le terrain d'un mobilité bien effrayante. Parlons sans figure : je vais dire nettement mes alarmes & ma douleur.

D

Dignes François, au nom de votre éternelle Monarchie, qui a déjà duré autant que neuf grands chênes, au nom de son salut & de votre propre sûreté, suspendez vos querelles sur la musique de Gluk & de Piccini, daignez m'écouter un seul instant, & vous recommencerez après ; je vais vous révéler une conspiration : oui, une conspiration contre l'Etat ; & ce qui nous laisseroit sans ressource, notre jeune Roi lui-même menace d'en être le complice. Je reprends les choses d'origine.

La politique de nos peres étoit simple & sage comme eux ; un Roi, disoient-ils, ne tient son autorité que de Dieu & de son épée, il n'est point comptable de son usage ; & ils ajoutoient : *Si veut le Roi, si veut la loi.* Aussi nos Peres à huit ou dix guerres civiles près, furent-ils parfaitement heureux & paisibles : mais depuis un demi siecle, je ne sais quel démon se plaît à inonder leurs malheureux enfans d'une foule d'ouvrages détestables sur la politique & la morale : on n'entend parler que des engagemens réciproques des Souverains & des sujets, du bonheur des hommes, de leurs droits sur la liberté & la propriété ; & toutes ces chimeres sont fondées sur un prétendu *contrat social*, dont nul jusqu'à présent n'a pu représenter l'original ou *copie duement collationée d'icelui*.

Un rêveur (c'est encore ce Montesquieu) s'est avisé d'expliquer & de vanter finement le Gouvernement d'Angleterre, dans un livre que peu d'hommes lisent & que personne ne comprend tout entier : sur la foi de ce livre maudit & de quelques autres de même farine, nos pauvres François se sont épris du Gouvernement d'Angleterre, comme autrefois des Pantins ; & nous n'avons plus rien tant admiré que ces hommes même, que depuis 700 ans nous égorgeons avec le plus d'intérêt & d'acharnement. La grande chartre nous a plus occupé que la loi falique ; on s'eft extafié fur-tout fur les Loix Criminelles & un certain Acte qu'ils appellent *Habeas Corpus* : Acte en vertu duquel, felon eux, un brave Anglois qu'on mene pendre à Tyburn eft plus effentiellement libre qu'un courtifan François foupant à Paris avec fa maîtreffe.

Ces idées folles n'auroient fermenté peut-être que dans quelques cerveaux creux de la Capitale ; mais, à l'aide de cette diabolique imprimerie, leur contagion s'eft répandue fur toute la face du Royaume & même de l'Europe ; je n'en veux d'autre preuve que le bouleverfement épouvantable qui fe fait actuellement fous nos yeux, dans l'empire Romain, (lequel fe trouve je ne fais comment en Allemagne ;) le brigandage public de la tolérance établi par les loix ; les voiles déchirés ; des frocs jettés aux orties, les deux sexes autrefois pieusement séparés, maintenant diaboliquement confondus ; le bruit & le tumulte du travail où régnoit le silence de la contemplation.... mais détournons les yeux de ces désordres impies..... heureusement pour nous cette épidémie de politique avoit été guérie ou palliée sous le regne de notre dernier Roi par une administration vigoureuse. Ce n'étoit pas l'administration du Roi même ; hélas ! ce bon Prince ne respiroit qu'amour & simplesse ; mais c'étoit celle de quelques-uns de ses Ministres, hommes rares, qui n'avoient pas, il est vrai, tout le génie de Richelieu, mais qui du moins avoient toutes ses maximes : il est bon de nous rafraîchir ici la mémoire sur ce qu'on faisoit alors, pour l'opposer à ce qu'on fait aujourd'hui ; rappellons nous donc & ne laissons point ignorer à nos enfans avec quel noble mépris, la politique mâle de ces Miniftres faifoient taire à propos les loix importunes & le vagiffement puérile de l'équité. Raffemblons notre famille le foir autour de nos foyers, pour lui raconter comment un jour ces Miniftres ayant eu foif du fang d'un Magiftrat célebre, à l'exemple de Richelieu, au lieu de juges ils lui donnerent de braves commiffaires : la premiere Magiftrature du Royaume voulut-elle les embarraffer avec fes formules, ils envoyerent la premiere Magiftrature du Royaume avec fes formules à fept lieues de fon Tribunal : à fon retour, elle voulut infifter, & ils la renvoyerent beaucoup plus loin, en lui difant : *Ne revenez plus.* En même temps des hommes choifis, avec de grands yeux, de petites bouches & de larges oreilles, des hommes que le fot public appelloit *efpions*, fe répandoient de tout côtés par leurs ordres, & pénétroient jusques dans les lieux les plus secrets : quelquefois vous mangiez à table à leurs côtés, sous l'habit d'un militaire, d'un magistrat, & sur-tout d'un abbé ; d'autrefois, ils vous servoient eux-mêmes sous la livrée d'un laquais : ainsi ces hommes utiles, témoins assidus de toutes les pensées, instruits par eux-mêmes de tous les citoyens à qui les bons principes manquoient, décéloient ces ignorants aux Ministres, qui les envoyoient avec vigueur & charité apprendre les bons principes, soit à Vincennes, soit à la Bastille.

Avec un gouvernement de cette force, la politique moderne filoit doux & en secret ; l'oreille au guet, lanterne à la main, marchant à pas suspendus, elle alloit se tapir, tantôt dans des livres sans nom d'auteur, tantôt parmi de petits articles bien enfoncés dans la profondeur de l'Enciclopédie ; semblable à l'araignée, elle ne tendoit ses filets que dans les coins les plus obscurs : osoit-elle travailler publiquement dans la maison d'*Helvetius* ? au milieu du travail survenoit un grand houssoir qui ravageoit tout : enfin, il faut convenir qu'il y avoit alors un très-grand plaisir de vivre à Paris, pourvu qu'on fût discret avec cent mille liv. de rentes, non pas sur l'Hôtel-de-Ville de Paris, non pas sur l'Hôtel des Fermes, mais sur la banque de Venise, d'Amsterdam ou de Londres. *Cet heureux temps n'est plus ; tout a changé de face* depuis qu'un jeune Prince a monté sur le Trône : la jeunesse est aimable, j'en conviendrai tant qu'on voudra ; mais il faut convenir aussi que la jeunesse s'accorde mal avec la politique. A cet âge on est humain, sensible, compatissant : on ne connoît point encore les hommes, on les croit aisément dignes d'être heureux : un jeune Roi, mesurant devant lui un avenir infini, se dit trop à lui-même : *Je jouirai long-temps de ceci ; je vivrai long-temps avec mes sujets* ; cette idée suffit pour lui inspirer la dangereuse fantaisie de traiter son Royaume comme son patrimoine, & ses sujets comme sa famille. Dans cet âge, où le sang & les esprits abondent, quelques acclamations populaires chatouillent délicieusement le tympan, troublent la tête d'un jeune Prince, & lui persuadent que l'amour des autres peut le rendre heureux lui-même : quelle source bon Dieu, d'erreurs & de fautes ! Hélas notre jeune Monarque n'a pu s'en garantir. A son avénement au trône il voyoit encore autour de lui les st sl.... les ma... les ter.... Cétoit assez pour s'instruire s'il l'avoit voulu ; ou plutôt sans prendre la peine de s'instruire, il suffisoit de les laisser agir : mais il éloigna durement ces Ministres dont la nation se souviendra long-temps, & il les éloigna, nous le favons tous, pour s'environner d'un Turgot, d'un Malzerbes & autres hommes d'étoffe à peu près pareille. Auffi quelle fut la premiere démarche de ce Lamoignon Malzerbes ? toute l'Europe la remarqua ; il n'eut rien de plus preffé que d'aller fouiller les prifons d'Etat ; & crut faire merveille en faifant ouvrir leurs portes : fous le ridicule & miférable prétexte de liberté, de loix, il infefta tout-à-coup la fociété de plufieurs hommes que la fageffe de fon prédéceffeur, (que Dieu abfolve) avoit mis fous la clef comme des inftrumens dangereux. Turgot de fon côté...... Mais laiffons ces hommes : heureufement ils ne font plus...... ils ne font plus, il eft vrai, mais plufieurs de leurs maximes ont refté ; il eft évident qu'aujourd'hui les lettres de cachet font plus rares, les prifons moins remplies, les droits prétendus des citoyens plus refpectés ; j'entens de tous côtés vanter l'attachement de notre jeune Roi pour l'équité, la bonne foi, l'économie & toutes ces vieilles vertus si peu compatibles avec la bonne politique ; il y sera attrappé, il s'en repentira, j'ose le lui prédire ; la vertu est le piege d'un jeune Roi : qu'il daigne consulter encore les vieux routiers de Versailles. Les A.. les B..: les C. les D.. les E...., & sur-tout les I.... les F.... &c. tous ces messieurs lui diront que ces mœurs, cette équité, cette indulgence ne peuvent le conduire qu'à la subversion totale de l'ancien gouvernement, à faire du bien à des ingrats, à laisser plus de liberté à des insensés & plus d'argent à des dissipateurs, à recevoir enfin pour tout salaire d'une populace effrénée, quelques cris discordans de *vive le Roi* ; tandis que la cour sombre, composée de visages tristes & affamés de graces, paroîtra plongée dans le deuil.

Mais vous, murailles auguſtes &
redoutables, fondées depuis quatre
cents ans par celui de nos Rois qui
mérita le nom de ſage, vous qui de‑
puis futes le vrai boulevard de l'Etat,
& le rempart le plus ferme contre
ſes ennemis intérieurs, vous qui fites
pâlir les *St. Pol*, les *Nemours*, les
Condé, & vites baiſſer ſous vos voûtes
les têtes les plus altieres que préſente
notre Hiſtoire ; vous, dont les clefs
inviolables ont conſervé dans toute
leur énergie, la terreur, la vengeance,
& toutes les paſſions les plus formida‑
bles aux hommes, murailles plus pré‑
cieuſes à la France que la ſainte Am‑
poule & l'Oriflamme, que deviendriez-
vous ? n'enceindriez-vous plus qu'un
déſert ? n'y verriez-vous plus que votre
Gouverneur, ſeul & déſolé ? Oh ! ſi
jamais notre jeune Monarque commet‑
toit une faute ſi grande ! s'il démentoit
à ce point les plus antiques uſages de
ce Gouvernement ! s'il étoit poſſible

qu'il fût un jour tenté par le projet insensé de vous détruire, pour élever sur vos ruines un monument *au Roi Libérateur*...... Vous détruire! cette idée m'échauffe & me met hors de moi! Puisse la main du premier qui vous frappera se sécher au même instant! que de votre sein sorte un mugissement épouvantable, formé de tous les cris, de toutes les imprécations que vous avez recueillis pendant trois siecles! Puissiez-vous, sous les coups du marteau, devenir d'acier, d'airain, de diamant; ou plutôt, puissiez-vous vous endurcir comme le cœur & le front de vos gardiens! Et vous, manes de Louis XI & de Richelieu, si jamais cette maison qui fit vos délices étoit ébranlée; au nom de la Monarchie chancelante, au nom de votre ouvrage en péril, je vous conjure, sortez de vos tombeaux; hâtez-vous, & que Louis XVI. entende vos leçons. Maintenant il écoute Vergenes, mais que peut-il lui dire ? Vergenes long-temps Ambaſſadeur en Turquie ; long-temps ſpectateur des ruines de ce déplorable Empire, ne peut gueres raconter à ſon Roi que les malheurs du deſpotiſme : mais vous, grandes ombres, vous pourrez lui raconter ſes ſuccès : prévenez des erreurs funeſtes, & révélez lui vos plus profonds ſecrets : dites-lui ces beaux vers, compoſés après vous & que je vais vous réciter : car un beau vers eſt un cadre juſte qui retient & embellit les idées : dites-lui donc :

>Retenez bien, mon fils, que les plus ſaintes loix,
>Maîtreſſes du vil peuple obéiſſent aux Rois :
>Qu'un Roi n'a d'autre frein que ſa volonté même :
>Qu'il doit tout immoler à ſa grandeur ſuprême :
>Qu'aux larmes, au travail le peuple eſt condamné,
>Et d'un ſceptre de fer veut être gouverné :
>Que s'il n'eſt opprimé, tôt ou tard il opprime.

Mais que ſert d'en dire davantage ? Hélas ! je le prévois, Louis XVI. ne vous croira pas. On vous craignit, & il ne ſera qu'aimé.

F I N.

AVIS IMPORTANT

Sur les Notes suivantes.

J'AI promis, dans le titre même de cet important Ouvrage, que les Notes n'auroient avec le Texte que le moindre rapport possible; & l'Ouvrage, ce qui n'est pas commun, acquittera les engagemens de son titre ; les Notes suivantes ne seront donc liées au Texte, si je puis ainsi dire, que par le cheveu le plus mince de l'*occasion*.

En homme juste, je me mets à la place des Lecteurs : pour les hommes même qui lisent le plus aujourd'hui, leur moindre affaire est de lire. On n'a pas tant de loisir qu'autrefois ; & je ne connois rien de plus ennuyeux, de plus mortel que ces Ouvrages d'ensemble, où toutes les parties sont liées. Dans ces malheureux Ouvrages, perdez une ongle, adieu le bras, adieu le corps. Il ne faut pas les abandonner un inſtant. On n'y tient point : graces au Ciel le Lecteur ne trouvera rien ici de pareil : il peut à ſon aiſe lire les Notes ſuivantes à cent lieues comme à cent ans du Texte; ſans que ni le Texte ni les Notes y perdent rien : en un mot, j'ai tâché de donner à ces Notes la propriété des colimaçons, qui vivent très-bien ſans leur tête.

Texte

TEXTE
La Bastille est de Droit Divin.
NOTE.

VOYANT mon Texte marcher légérement à la démonstration de cette vérité, je n'ai pas voulu l'embarasser d'un trop grand équipage de preuves. En voici d'autres que j'emmagasine à part pour le besoin des incrédules.

Comme *l'habit ne fait pas le moine*, le mot ne fait pas la chose. Gardons-nous donc bien de croire qu'il n'y ait point de Bastille par-tout où nous ne trouverons pas ce mot, lequel n'est *technique* que pour Paris. Une Bastille n'est point un château situé dans un certain fauxbourg, d'une certaine Ville, d'un certain Royaume, non: *Une Bastille est toute maison solidement bâtie, hermetiquement fermée, & diligemment gardée, où toute per-*

E

sonne quel que soit son rang, son âge, son sexe, peut entrer sans savoir pourquoi, rester sans savoir combien, en attendant d'en sortir sans savoir comment.

D'après cette définition, la seule exacte que de ma connoissance on ait donné de la Bastille, il est bien visible qu'une *Bastille* n'est pas un privilege exclusif accordé au *fauxbourg S. Antoine*. (1) Où sont donc les

---

☞ Ce Fauxbourg S. Antoine est signalé dans notre Histoire par la fameuse bataille qu'il vit donner dans la derniere de nos guerres civiles aux pieds même de la Bastille, destinée à prévenir comme à punir les guerres civiles. Cet événement singulier rappelle ce qui arrive en petit sur la place de Greve & autres lieux semblables : il n'est point rare que des filoux y volent au pied même de la potence où leur complice est attaché.

L'esprit de cette remarque n'est point du tout de prouver l'insuffisance des Bastilles & des potences ; à Dieu ne plaise, je veux seulement montrer l'acharnement de la malice humaine : & j'en conclus directement au contraire qu'on devroit emprisonner & pendre encore un peu plus : car enfin un méde-

autres Bastilles de l'Europe ? Où elles sont, lecteur ? Entre les mains des gens d'Eglise : c'est-à-dire, des hommes *Divins*, parmi nous autres profanes. Si je dis vrai, ma conséquence est nette, & le *Droit Divin* de la Bastille sera aussi rigoureusement démontré que le *Droit Divin* de la dixme; & c'est en vérité tout ce qui se peut dire de plus fort.

Si je dis vrai ! eh, quel lecteur peut en douter ? qui dans son cœur ne m'a déjà prévenu, & nommé sur ma simple définition, les prisons de la Sainte Inquisition ? Voilà sans contredit les premieres & les plus admirables *Bastilles*, de l'Europe. Que les RR. PP. Dominicains en aient trouvé le plan dans

---

cin prudent, quand il est sûr de son remede, augmente insensiblement les doses jusques à guérison complette : j'ai recommandé expressément à mon Imprimeur de mettre une main à la marge de cette note, elle vaut bien la peine d'être montrée au doigt.

les papiers de quelque prophete Juif, ou que l'inspiration en soit plus moderne, (1) c'est ce que je n'examine point ; il me suffit que toute l'Europe connoisse & révere les prisons divines, les *Bastilles* sacrées de l'Inquisition ; mais l'Europe ne sait pas qu'elle renferme dans son sein une foule de petites prisons non moins divines, especes de *Bastilles* en miniature non moins sacrées que celles

---

(1) Pour parler avec exactitude, une vérité d'inspiration n'a point d'époque. Soit que la Providence la tienne cachée dans son sein incréé, soit que dans le temps elle daigne la déposer au fond de l'oreille d'un moine, elle n'en subsiste pas moins de toute éternité ; & le plan des *Bastilles de l'Inquisition* a resté des milliers de siecles caché dans les dépôts de la Providence, comme on garde, dans les dépôts du bureau de la guerre, des plans de forteresses non encore bâties & qui le seront un jour. Ainsi la *Bastille archetype* est éternelle, ses copies seules ont des époques. Cela est aussi clair que la métaphysique peut l'être. On ne se seroit point livré à cette petite remarque s'il ne falloit en matiére de théologie une précision lumineuse.

de l'Inquifition & de la porte St. Antoine. Nous qui avons porté ou baifé un froc pendant huit cents ans, ignorerions nous qu'il n'eft point de monaftere tant foit peu régulier qui n'ait eu, & n'ait peut-être encore fa Baftille particuliere ? les réformés furtout, les ordres aufteres qui fe piquent d'être encore plus divins que les autres, font ceux auffi où ces Baftilles ont le plus de vigueur : à la vérité ils leur ont donné un nom digne de l'Evangile ; car ils les nomment *maifons de paix* ; & quand ils plongent un de leurs femblables dans un cachot, ils appellent cela le *mettre en paix* (*in pace*) : expreffion admirable & qui peint d'un mot la caufe, le but, le moyen ; la caufe eft le trouble de la paix d'une maifon divine ; le but eft le rétabliffement de cette paix ; & le moyen eft la paix du coupable entre quatre murailles, fans aucune incommodité du bruit & de la lumiere :

(1) tout cela est incontestablement divin.

Voulez vous au reste reconnoître encore mieux le caractere divin de ces sortes d'emprisonnemens, demandez-vous sérieusement à vous-même quels sont les procédés qui caractérisent la foiblesse humaine, & quels au contraire signalent la force divine.

---

(1) Dans l'histoire de l'Eglise moderne, les Capucins entre les autres, ont beaucoup brillé par les Bastilles ou autrement maisons de paix : les Chartreux moins vus, moins observés avoient aussi leur sainte rigueur : on prétend même que les Bénédictins & les Bernardins ont montré quelque zele ; mais je n'en crois rien : c'est leur faire trop d'honneur. Une observation constante a prouvé que dans un monastere la prison & le réfectoire s'excluent mutuellement. L'homme est ainsi fait ; même l'homme le plus dénaturé, l'*homme-moine* en un mot ; telle est son organisation qu'un bon dîner & du bon vin amollissent le cœur, inclinent à la pitié & relâchent la regle ; il étoit plus commun de voir de jeunes Bernardins, & de braves Bénédictins, après graces, c'est-à-dire, après boire, corriger à l'improviste un supérieur incommode à grands coups de bâton, que de voir le supérieur amender ses moines par une longue prison.

Les hommes ignorants, trompés & trompeurs, ne doivent jamais rien faire, rien décider d'important fans le plus mûr examen. S'agit-il de punir un de leurs femblables, de lui ravir l'honneur, la liberté, la vie ? de toutes les actions des hommes c'eft afsurément la plus importante, aufsi leur misérable condition les afsujettit-elle à convaincre un accufé avant de le punir, à tout examiner long-temps afin de le convaincre : hélas on n'en fait jamais afsez ; il ne fuffit pas d'entendre des témoins fur un délit, il faut fouvent entendre des témoins fur les témoins, vérifier leur dépofition par leur caractere, & la tourner de cent côtés ; ce n'eft rien encore, l'acte le plus humain eft de laifser celui qu'on veut punir fe défendre à fon aife, avec toutes fes forces : il y a bien plus, il faut lui fuppléer des forces s'il en manque. A quoi nous réduit notre foible & méprifable intelligence ! tant de lenteur eft pitoyable, j'en conviens ; mais il le faut : Dieu nous a dit : *rampe* ; eſt inſolent & fou qui veut ſauter ; auſſi le Juge qui oſeroit s'écarter de ces Loix de la nature humaine & décider ſans cet examen approfondi, ſeroit univerſellement regardé comme un inſenſé qui ſe croit plus qu'un homme, ou comme un barbare qui croit qu'un homme n'eſt rien. Tels ſont à-peu-près les caracteres des jugemens vraiment humains. (1)

Oſons maintenant conſidérer ces décrets divins prononcés pour toutes les Baſtilles connues ou inconnues : comme Dieu a voulu que la ſageſſe

---

(1) Je n'ai jamais vu des hommes raſſemblés pour condamner à la mort un autre homme : mais quand je veux me figurer des Juges exerçant ce terrible droit, je me repréſente auſſi-tôt le plus ancien Sénat de Rome, compoſé d'hommes ſi vénérables, d'une gravité imperturbable, d'un ſilence profond, d'une patience infatigable, capables enfin de recevoir eux-mêmes la mort ſur leur fauteuil plutôt que de faire un geſte contre leur devoir. Voilà, me dis-je, ce que je verrois ſi j'avois l'œil à la ſerrure d'une tournelle criminelle. Oh ! que ne puis-je le voir !

de l'homme consistât à tout examiner, la folie de l'homme seroit de prétendre que Dieu examinât tout ainsi que lui. Quand il s'agit de celui qui *sonde les reins & les cœurs*, ne parlons plus d'examen c'est de l'intuition; & quelle intuition !

Aussi lorsqu'un homme, vêtu d'une soutane, vous dit à Lisbonne, à Goa : écoutez-moi de la part de Dieu dont je suis l'envoyé ; lorsqu'un autre homme à Paris, vêtu de bleu, avec un bâton d'ivoire ou sans bâton, vous dit : je vous parle de la part du Roi, arrêtez-vous & restez immobile ; car ils ne sont pas seuls ; & si le premier de ces deux hommes ajoute : suivez-moi dans les prisons du St. Office ; si le second dit : je vais vous conduire à la Bastille : souvenez-vous bien vîte du Sacrifice d'Abraham & suivez ces hommes ; car remarquez bien, (outre Abraham) que vous êtez seul & qu'ils sont plusieurs.

Vous me direz peut-être : « qui m'af-
» furera que Dieu a véritablement dai-
» gné infpirer à cet homme en foutane,
» à ce Miniftre du Roi, que je fuis un
» homme abominable.

Voici ce que je réponds à votre queftion ; je réponds..... Qu'on ne doit jamais y répondre, attendu que jamais on ne doit la faire. Je m'explique : toutes les queftions humaines ont un certain terme, au-delà duquel il ne leurs eft point permis de paffer fous peine d'être déclarées téméraires, hérétiques & rebelles. Il n'eft point rare qu'on attache un fagot à ces queftionneurs dangereux, comme au temps d'Horace on en attachoit un aux cornes d'un taureau furieux. *Fœnum habet in cornu.* Ce qui peut arriver de plus heureux à ces gens à queftions redoublées, eft d'être renvoyés fans réponfe, autrement où feroit on réduit ; il faudroit bien mettre les clefs fous la porte.

Voici sur ce sujet une comparaison frappante & meilleure qu'une raison : le tonneau du plus excellent vin n'a-t-il pas toujours un peu de lie ? Or que penseriez vous d'un homme qui marchandant un muid de vin de Baune ou de Silleri, au lieu de le goûter, y insinueroit un bâton pointu, agiteroit fortement la lie du fond, troubleroit toute la liqueur, & vous diroit d'un grand sang froid : votre vin ne vaut rien. Vous lui répondriez : « vous êtes un
» sot ou un fou, mon vin étoit excel-
» lent jusques à la lie, pourquoi êtes-
» vous allé remuer le fond pour gâter
» le dessus ; je n'en serai pas la dupe,
» & vous prendrez mon vin, vous le
» payerez, vous le boirez malgré son
» déboire, ou nous plaiderons & je
» vous ruinerai. » Voilà la pure raison.

L'application saute aux yeux. Point de question de théologie ou de politique (& la Bastille est de ces deux genres, qui n'ait au fond sa lie plus ou moins : point de raisonneur subtil & opiniâtre qui n'ait aussi quelque argument pointu pour troubler tout en la remuant jusqu'au fond ; mais la peine est au bout. On vous saisit mon homme ; on lui fait avaler la liqueur toute trouble ; & s'il regimbe, on use d'un entonnoir, ou d'un baillon, selon la méthode nouvelle, vérifiée & regiſtrée en Parlement.

Je finis cette note, ou plutôt cette diſſertation importante par un conte qu'on m'a redit cent fois, & que je puis bien redire une ſeule. Il peint à merveilles l'eſprit des procédés (je ne dis pas de la procédure) de toutes les Baſtilles :

M. de *Bougibous* Officier gaſcon, avoit été chargé de faire enterrer les morts un lendemain de bataille ; preſſé de beſogne, il harceloit ſes foſſoyeurs : cependant pluſieurs bleſſés crioient de toutes les forces qui leur reſtoient. *Eh*

Monsieur je ne suis pas mort ! Enterrez toujours, répondoit gravement & judicieusement M. de Bougibous, *si l'on s'amusoit à écouter ces coquins-là, il n'y en auroit pas un de mort*, & sur cela fossoyeurs d'enterrer... En effet c'est le plus court.

O vous, qui raisonnez sur la Gazette dans les cafés de Paris ; vous, qui rimez des couplets naïfs dans un souper devant des inconnus ; vous, qui écrivez de la prose sincere dans votre cabinet, vous êtes souvent, sans vous en douter, sur un champ de bataille, & beaucoup plus morts que vous ne pensez. Peut-être on vous enterrera ce soir... & moi qui écris ceci, suis je bien en vie ?... Oui, je me crois vivant sous Louis XVI : mais dix ans plutôt je n'aurois juré de rien ; & puis que gagneroit on à ma sépulture ? le Roi seroit obligé de nourrir un mort de plus ; & perdroit un sujet, qui sans lui coûter une obole, lui donnant même fort exactement une partie de son argent, le chérit & desire plus sa véritable prospérité, que la plupart des vivans qui ne l'environnent que pour demander.

TEXTE.

Les filles de joie, autrefois faciles à compter, furent alors, dans les rues de Paris, comme le sable sur les bords de la mer.

NOTE.

ON lit ceci dans les Essais historiques de la Ville de Paris par M. de Ste. Foi : « Il n'y a pas encore un
» demi siecle qu'on auroit eu de la
» peine à compter dans Paris plus de
» 50 ou 60 filles entretenues. Les filles
» évitoient l'éclat, alloient à pied &
» toujours simplement vêtues : les gens
» du monde étoient galants, cher-
» choient à plaire, & tâchoient d'a-

» voir, comme on difoit alors, des
» bonnes fortunes ; cela marquoit de
» la délicateffe, un certain amour pro-
» pre ; aujourd'hui on entretient : on
» prétend qu'il y a à préfent à Paris
» près de trois mille filles entretenues.
» Auffi quelle différence pour le ref-
» pect qu'on portoit aux Dames. Louis
» XIV, à la chaffe ou en voyage, ne
» paffoit jamais devant une femme fans
» lui ôter fon chapeau. »

Depuis le livre de M. de Ste. Foi, le nombre des filles entretenues s'eft dit-on beaucoup accru ; des calculateurs veulent prefque le porter au double ; & jufqu'à 20 mille celui des filles entretenues par tout le public en corps. Soyons raifonnables, & malgré les réflexions de M. de Ste. Foi, reconnoiffons ingénument la fupériorité de ce bon temps fur le temps paffé : car enfin, ne voilà-t-il pas, fi je fais compter, 26 mille bonnes fortunes à choifir maintenant tous les jours, contre une autrefois dans fix mois : tant de bonnes fortunes ne peuvent faire qu'un peuple très-fortuné

Un homme ignorant des chofes de ce monde, & plus févere encore que M. de Ste. Foi, demandoit un jour à l'un des principaux Magiftrats de la bonne Ville de Paris, fi moralement & phyfiquement il ne feroit pas poffible de fe paffer de cette foule de filles publiques. Moralement parlant, un homme qui a des mœurs s'abftient de cette engeance ; & phyfiquement parlant, un homme avec une femme à lui, peut s'abftenir encore mieux de la femme de tous les autres; il ne s'agit donc, difoit le politique ignorant, que de favorifer les bonnes mœurs & décourager le célibat. Que vous importe de laiffer quelque temps dans l'embarras de l'abftinence des hommes vicieux, dont l'intempérance vous met dans un continuel embarras vous-même?

Que dites-vous, bon Dieu, s'écria
le

» le Magiſtrat, avec votre chimere de
» mœurs ? nous paſſer de filles de joie,
» nous à qui il en manque encore cinq
» ou ſix mille ! On a eu peur quelquefois
» de la diſette du pain à Paris ; mais
» moi je tremble bien davantage de la
» diſette de filles. Apprenez, mon cher
» Monſieur, que cette denrée eſt la pre-
» miere dans l'ordre des choſes de pre-
» miere néceſſité. Pour une nation bien
» policée, voici l'économie politique
» des beſoins dans une Capitale : les
» filles, les ſpectacles & le tabac ; le
» pain vient après. Eh ! que devien-
» drions-nous ſi cette denrée s'épui-
» ſoit, comme il eſt à craindre ?
» Quelles portes, quels verroux dé-
» fendroient nos femmes & nos filles ?
» Songez-vous que cinquante mille
» vautours, portants bec & ongles,
» voltigent nuit & jour autour de
» nous ? Qu'on néglige un jour ſeule-
» ment de leur jetter de la pâture
» corrompue, & nous les verrons,

F.

» malgré nous, dévorer à notre cro-
» chet nos provisions les plus fraîches.

A ce discours l'ignorant émerveillé s'écria : « la belle chose qu'une
» Capitale où la Magistrature même
» entretient la corruption pour at-
» tirer & nourrir les oiseaux de proie
» à cent lieues à la ronde ! Mais il
» me semble au contraire, Monsieur,
» que ces prétendus vautours ne sont
» au fond que des oisons plumés jour-
» nellement par quatre ou cinq mille
» harpies, lesquelles se font à leurs
» dépens de bons oreillers, de bons
» matelats, de bons duvets : & vous,
» Monsieur le Magistrat, couchez-
» vous sur la dure ? »

L'homme aux filles à ces mots rougit un peu, se mordit la levre & dit à demi bas : « voilà un questionneur
» qui auroit besoin d'apprendre à
» se taire, quelque part..... il sera
noté. »

Si par une mauvaise honte que je

ne puis furmonter, toute ridicule qu'elle eft, je ne craignois pas de me livrer à une digreffion tant foit peu déplacée, ce feroit bien ici l'occafion, puifque j'y fuis, de raconter comme quoi le politique ignorant échappa, par un événement extraordinaire au péril de la retraite que le Magiftrat lui minutoit déjà dans fon ame : je dirois comment un vent s'étant inopinément élevé du côté de Verfailles, s'engouffra dans la fimarre de ce Magiftrat, l'enfla comme une voile, & le fit cingler en l'air plus rapidement que le meilleur voilier des ports d'Angleterre, à une telle hauteur, qu'il perdit de vue cet ignorant qui l'avoit un peu molefté : j'aurois dit comment ce vent, après avoir foutenu ce Magiftrat en l'air au-deffus de la mer entre *Douvres* & *Calais*, tombant tout à plat, le laiffa tomber auffi de cette hauteur énorme, fans qu'il fe noyât comme Icare, ou fe caffât le cou comme Phaëton ; & fur cela je n'aurois pas manqué de faire une remarque curieufe & favante, c'eft qu'autrefois ces fortes de chûtes étoient mortelles ; elles expédioient fouvent leur homme dans les vingt-quatre heures : mais au temps à peu près dont je parle, ceux qui tomboient le matin n'en foupoient que mieux le foir, & mieux encore le lendemain. Les Phyficiens qui fourmilloient à cette époque, expliquoient ce phénomene en difant : que les hommes par trait de temps, étoient devenus beaucoup plus légers en France : à les entendre, un homme à la Cour ne pefoit gueres plus que de l'air renfermé dans une peau bien liffée ; & ce qui confirmoit leur conjecture, c'eft que plufieurs de ceux qui tomboient de ces côtés-là, bondiffoient encore fur la place même comme des balons.

Enfin, fi j'étois homme à cajoler la petite malice du cœur humain, je terminerois ma digreſſion par une converſation que l'ignorant eut avec le Magiſtrat au retour de ſon voyage en l'air ; ils ſe rencontrerent peu de temps après dans un ſouper, ſe reconnurent, ſourirent & s'approcherent. Le ſujet de cette converſation fut curieux & la matiere abondante car, elle roula ſur les ſots & les fripons de deux grands élémens ; le déchu qui avoit lui ſeul plus vu de ces gens-là que tous les hommes de l'Europe enſemble, ſans s'expliquer jamais d'une maniere bien poſitive, laiſſa pourtant deviner à l'ignorant une grande vérité dont il ſe doutoit déjà, c'eſt que le cœur humain eſt toujours le même tant ſur mer que ſur terre, & qu'après tout Horace à raiſon quand il dit : *Cœlum non animum mutant qui trans mare currunt*, mais le ciel me préſerve d'en révéler davantage ; celui qui a dit : *ſur les Dieux & ſur les Rois ſilence*, n'a pas ſi bien rencontré à mon avis que s'il eût dit, *silence sur les sots & les fripons* : en effet, Dieu pardonne ce qu'on dit, & les Rois l'ignorent ; au lieu que messieurs les sots vous chicanent pour les choses même que vous n'avez pas voulu dire, & nos seigneurs les fripons vous nuisent à raison de celles que vous auriez pu dire. Je me tairai donc, & de toute cette conversation je n'en dirai que la fin.

Convenez, dit l'ignorant au Magistrat, maintenant que vous êtes sans intérêt à la chose, que pour le bonheur de la vie un galant homme peut à toute force se passer d'une fille de joie, laquelle est souvent une fille bien triste, & je conviendrai moi qu'il ne sauroit au contraire se passer d'une femme douce, aimable & gaie, dût-elle être vertueuse. — Vertueuse est bien fort, répondit le Magistrat, cependant je vous l'accorde. — Convenez de plus, poursuivit l'ignorant, qu'un bon souper tel que celui-ci, dans un joli falon, en bonne compagnie, eft infiniment préférable à toute efpece de voyage en l'air, tel que celui-ci que vous avez fait. — Paffe encore, mais parlons bas. — Pourquoi ? fongeriez-vous à quelque nouveau voyage ? — Point du tout, mais on me paye mon repos à peu près comme fi je voyageois toujours, & cette honnêteté mérite bien quelque difcrétion. — Qu'appellez-vous honnêteté, c'eft un droit, & ces penfions de repos font maintenant au rang des loix fondamentales : d'ailleurs le Miniftre d'aujourd'hui, pouvant & devant être un jour le Miniftre d'hier, fon intérêt n'eft-il pas le vôtre ? — Au fond vous avez raifon, mais la difcrétion eft chez moi une vertu d'habitude ; fongez en effet que toutes les places que j'ai occupées étoient fous la confécration d'*Harpocrate*. — Qu'eft-ce que cet *Harpocrate* demanda l'ignorant, — c'eft le Dieu du filence & du fecret. —

F 4

Oh bien, j'ai l'honneur de vous avertir que votre Dieu n'eſt point du tout le mien. Vous autres gens en place, qui favez tout, il eſt bon peut-être que vous ne difiez rien : mais moi qui ne fuis rien & ne fais rien, il eſt juſte que par dédommagement je puiſſe dire tout ce que j'apprens ; auſſi raconterai-je notre converſation à qui voudra l'entendre. — Mais il me femble que je ne vous ai rien dit. — Nous fommes loin de compte, car je prétens que vous m'avez dit tout ce que vous avez refufé de me dire.

Effectivement l'ignorant me raconta cette converſation, c'eſt-à-dire, les queſtions d'un côté, & les *non réponſes* du Magiſtrat de l'autre ; & je trouvai les queſtions fort piquantes & les *non réponſes fort inſtructives.*

Il me ſembla que ces *non réponſes* pouvoient fe calculer en bonne politique, comme on calcule en Géométrie les quantités négatives ; qu'il étoit très-vrai dans les deux sciences que *moins* par *moins* valent *plus*, & que deux négatives de politique multipliées l'une par l'autre, valent une bonne affirmative : quoi qu'il en foit, ces vérités délicates font chez moi comme dans leur puits ; elles fe noyeront plutôt que je les en tire.

TEXTE.

Je conclus que tout ce fatras de pouvoirs intermédiaires, n'eft qu'un verbiage d'auteur.

NOTE.

RIEN n'eft plus doux en tout temps que de contredire un homme très-celebre, rien n'eft plus commode quand il eft mort. On y trouve honneur & fûreté. Je ne pousserai pas plus loin mes réflexions là-deffus ; je raconterai feulement, à propos ou non, qu'un jour un apothicaire difoit fiérement

Oui, Messieurs, c'est moi moi-même qui purge M. de Voltaire. Voyons donc à nous procurer l'honneur de purger Montesquieu. J'avoue que l'idée des *pouvoirs intermédiaires, subordonnés & dépendans*, établis comme un caractere distinctif de la Monarchie, m'a toujours paru une idée *peccante* dont il falloit purger son livre.

D'abord je confesse que je ne sens pas assez la différence entre ces mots *subordonnés & dépendans*. S'il ne s'agissoit ici que d'une idée ordinaire, & qui suit dans un ouvrage le mouvement des autres idées, remarquer dans son expression un terme superflu, seroit une chicane de Grammairien ; mais quand il s'agit d'une *idée principe*, d'une idée qui doit imprimer son mouvement à plusieurs autres idées, un mot inutile est un grand défaut. Quand même on allégueroit entre ceux-ci une différence réelle, elle seroit subtile, & la subtilité dans un ouvrage de législation est un plus grand défaut que le mensonge même : avec du bon sens & de l'attention, on peut démêler ce qui est faux ; mais on a besoin de sagacité pour démêler ce qui est subtil.

Quoi qu'il en soit, ces pouvoirs *intermédiaires & subordonnés* sont dans la nature de la république autant & plus que dans celle de la monarchie ; car le *peuple Roi* est bien moins capable de faire tout directement par lui-même, qu'un *homme Roi* : aussi nul gouvernement ne subsiste sans cette économie de *pouvoirs intermédiaires*. L'exécution des loix militaires, des loix civiles, des loix fiscales, des loix religieuses ne sauroit s'en passer : je pourrois facilement prouver ceci par des exemples tirés de nos républiques modernes, mais j'aime mieux les prendre dans la république Romaine pour deux raisons : la premiere, que la citation me fera plus d'honneur ; la seconde, qu'elle fera moins expofée à la contradiction.

A Rome donc toute la machine du Gouvernement étoit compofée de pouvoirs intermédiaires & fubordonnés : les deux extrêmes de la République Romaine étoient d'un côté le peuple en corps affemblé par tribus ou par centuries ; mais qui des deux manieres étoit toujours le Monarque, *le peuple Roi, populus Rex* : de l'autre étoient les citoyens féparés & pour lors fujets : entre ces deux points étoient placés des pouvoirs vraiment intermédiaires & fubordonnés. Le Sénat & les Confuls n'avoient qu'un pouvoir *intermédiaire & fubordonné* au peuple dans tout ce qui concernoit les Loix politiques. Les Préteurs n'avoient qu'un pouvoir intermédiaire & fubordonné dans tout ce qui concernoit les loix civiles & criminelles : il en étoit ainfi des Ediles pour certaines loix de police, des Quefteurs à l'égard des loix fifcales en un mot les pouvoirs intermédiaires dérivent de ce principe commun à tous les Gouvernemens, que le Souverain, soit un peuple, soit un Sénat, soit un homme ne pouvant jamais, & ne devant pas toujours tout faire par lui-même, doit établir entre lui & ses sujets des Magistrats intermédiaires & dépendans.

Ceci ne vaudroit peut-être pas la peine d'être remarqué, si l'on n'avoit fort abusé dans ces derniers temps de ce prétendu principe de Montesquieu. Notre Gouvernement donna, il y a quelques années, une rude atteinte à des Corps qui exercent la plus grande portion de ces pouvoirs intermédiaires; de tous côtés on cria à la subversion de la Monarchie; & le principe de Montesquieu fût souvent rappellé. Je ne dis pas assurément qu'en cette occasion le Gouvernement fit bien; mais j'ose croire qu'il n'avoit pas tout le tort qu'alors on lui imputoit : les fondemens de la Monarchie font autre part que dans ces Corps ; & ceux qui difoient aux Parlemens ne ceffez pas de demander les états généraux, & ceffez de vous demander vous mêmes, rencontroient ce femble beaucoup mieux.

Certain Européen fe trouvant chez des Sauvages nus comme la main, leur perfuada, dit-on, que fon habit, qu'il vouloit faire refpecter, étoit fa peau même ; un jour que cet habit fe déchira, ces Sauvages crurent tous que l'Européen étoit dangereufement bleffé ; & fes bons amis s'inquiétoient & craignoient qu'il n'en mourût : il en fut quitte pour quelques points d'aiguille : vrai ou faux, ce petit conte à bien fon application. Un de nos proverbes auffi, dans fa naïve fimplicité, dit qu'il ne faut pas confondre la chemife & la peau : je fais des Corps politiques & des Etats entiers qui, pour garder leur chemife, fe font laiffé écorcher la peau.

TEXTE.

Les vices des grands Seigneurs, en les confondant avec les derniers plébéiens, ramenoient sans cesse cette idée si douce d'égalité, seule base de toute vraie Politique.

NOTE.

Les grands Seigneurs de ces temps-là donnoient fréquemment à la nation un spectacle d'un genre assez neuf & qui l'amusoit beaucoup ; c'étoit une espece de combat qui, parmi plusieurs différences, avoit quelques ressemblances avec nos anciens tournois ou nos combats à la barriere.

Au lieu d'une rase campagne, ou d'une place publique, on choisissoit une salle fort vaste ; mais bien close & bien couverte, & garnie au fond d'une espece d'amphithéâtre pour les

Juges du combat; ces Juges n'étoient point comme autrefois des Rois, des Reines, des Princes, des Princeſſes, & toutes les plus belles Dames de la Cour dans leur plus brillante parure; ces Juges étoient une aſſemblée de perſonnes, dont on ne pouvoit dire poſitivement ſi elles étoient hommes ou femmes : cependant leur viſage & leur vêtement ſembloit tenir plus de la femme que de l'homme. Loin d'être vêtus comme les hommes de leur temps, dont les habits étroits pouvoient ſe comparer à ces étuis où l'on enguaine de petits flacons remplis d'eau ſpiritueuſe, ces Juges affectoient au contraire de porter une robe plus ample, plus longue & plus traînante que la robe d'une femme : leur tête étoit chargée de boucles de cheveux, & ſur-tout d'un ornement élevé en piramide, ſurmonté de je ne ſais quoi flottant en l'air, c'étoit à-peu-près la coëffure des femmes de leur temps : quant au viſage

visage de ces Juges dans l'éloignement : on n'y discernoit aucune trace de barbe; & plusieurs même avoient le menton si fleuri, l'air si vif & si badin, que les meilleurs observateurs gageoient hautement que c'étoient de jeunes femmes.

Au bas de l'amphithéâtre on voyoit répandues d'autres personnes, vêtues de la même maniere ; mais leur robe étoit de la couleur la plus sombre ; au lieu que celle des personnages de l'amphithéâtre étoit d'une couleur éclatante : ceux-ci d'ailleurs étoient assis, & ceux-là restoient debout. L'arene des combattans étoit entre ces Juges & la foule du peuple qui venoit inonder la salle du combat & son portique.

Dans les anciens tournois, les champions étoient appellés au combat par le son des trompettes & des clairons ; mais dans celui-ci c'étoient des hommes vêtus d'une longue jaquette noire, qui se mettant à la bouche un cornet d'un papier unique en son espece, sonnoient la charge d'une maniere plus terrible que cent trompettes : aussi ce papier, instrument de combat, étoit-il fabriqué sur une méthode dont le Gouvernement seul avoit le secret : par un art merveilleux & jusqu'alors inconnu, on étoit parvenu à lui faire rendre un son plus éclatant que celui de l'airain & plus terrible que celui du canon. On m'a raconté que l'Angleterre ayant éventé le secret de ce papier belligérant, l'avoit si supérieurement imité, qu'un jour dans un essai qui s'en fit publiquement à Londres, le son épouvantable qu'un de ces cornets rendit dans la Salle de Westminster, renversa un Gouverneur Anglois & des Bataillons entiers de soldats jusques dans l'Amérique ; si ce fait est vrai, ce fut bien pis que le fameux cornet de l'Ariofte, lequel n'épouvantoit qu'à quelques toises.

Je ne garantis ni le cornet d'airain de l'Arioste, ni le cornet de papier de Westminster ; mais ce qu'il y a de très-certain, c'est qu'au bruit de ce papier en France les combattans paroissoient dans l'arene : alors on voyoit d'un côté un des plus grands Seigneurs du Royaume & de l'autre......... Ici la différence étoit grande avec les anciens combats. Un Chevalier du temps passé se seroit cru déshonoré de se battre contre un *vilain* ; se battre contre une femme eût été une indignité sans exemple ; dans les combats dont je parle, cet ordre ancien étoit absolument renversé ; un grand Seigneur se battoit fort bien contre une femme, & contre les *vilains*, les plus vilains du Royaume ; ces disparates même faisoient une grande partie de l'agrément du combat : voici une autre différence non moins singuliere ; au lieu d'être montés fur un grand cheval de bataille bardé de fer & furmonté de panaches, les combattans fe juchoient fur les épaules d'un homme couvert d'une longue tunique noire ; cet homme, qui pour l'ordinaire étoit agile & robufte, fembloit, en les portant, fentir la légéreté de fon fardeau, & s'en jouer.

Ce n'eft pas tout : à la place de lance les champions tenoient dans la main droite une plume d'une longueur démefurée & d'une pointe effrayante ; & dans la gauche, en guife de bouclier, une bouteille d'encre : fur leur tête des liaffes de papier noirci étoient façonnées en cafque : ce cafque fingulier étoit ouvert, & ce qui réjouiffoit fur-tout les fpectateurs, c'eft qu'à la place de l'ancienne vifiere, chaque champion s'ajuftoit fur le nés une large paire de beficles, formées par deux excellens verres de microfcope, lefquels groffiffoient à leurs yeux, jufqu'au prodige, les plus petits objets. Des hommes qui avoient eſſayé ces beſicles, prétendoient qu'un ciron y paroiſſoit un éléphant.

Ainſi armés, ils s'avancoient, couroient, ſe ruoient l'un ſur l'autre, rien n'égaloit leur acharnement & leur fureur : à chaque coup de plume, ils ſe perçoient de part en part, & ne paroiſſoient pas même le ſentir : on les voyoit s'arracher les papiers qui défendoient leur tête & ſe caſſer leur bouteille ſur le crâne ; l'encre ruiſſeloit de tous côtés ; les papiers en lambeaux montroient à nud les combattans ; la terre étoit jonchée de tronçons de plume ; à chaque inſtant des écuyers, toujours en robe noire, leurs fourniſſoient nouvelles plumes, nouveaux papiers, nouvelles bouteilles : enfin, lorſque tous deux étoient à-peu-près noirs, déchirés & méconnoiſſables des pieds à la tête, les Juges du combat ſe levoient, & pour l'ordinaire, ils adjugeoient la victoire à celui qui avoit le plus caffé de bouteilles, brifé de plumes & déchiré de papiers.

Mais ce qui acheve de rendre la nature de ces Juges tout à fait inexplicable, c'eft que par leur ordre, & par les loix même de ces combats, (car ils avoient leurs loix) tous ces débris de papier, de plumes de bouteilles d'encre, foigneufement recueillis, étoient portés chez ces Juges : & là, par des fourneaux & des vafes chimiques, connus d'eux feuls en Europe, ils favoient en extraire un aliment de très-haut goût dont ils fe nourriffoient.

Mais pendant ce combat, qui pourroit exprimer les tranfes, les vœux, les cris, l'anxiété des parens & des amis des combattans ? Au fortir de ce fingulier duel, tout Paris difputoit huit jours, & après Paris les Provinces difputoient un mois fur les nuances de noir que chaque champion en avoit rapportés.

Deux hommes feuls dans le Royaume ofoient foutenir que ces champions étoient fortis blancs comme neige ; & ces deux hommes étoient précifément ceux qui les avoient portés fur leurs épaules : mais comme c'étoient prefque toujours gens de beaucoup d'efprit, ils avoient la mauvaife habitude de fourire finement en difant certaines chofes ; & quand ils difoient par exemple le champion que je portois n'avoit pas une tache, il eft forti du combat net comme un denier, ils avoient beau fe contraindre, toujours quelque pli laiffoit échapper le fourire : & chacun répondoit tout bas : *écrivez qu'il a ri*. Ce trait paffant de bouche en bouche, d'un bout du Royaume à l'autre, vous n'euffiez entendu que ces mots : *Ecrivez qu'il a ri*. — Le refte de l'Europe rioit auffi beaucoup de tout cela.

O heureufe & trois fois heureufe la nation dont toute l'hiftoire feroit ceci. Cette nation rioit & faifoit rire, malheureufe au contraire, & cent fois malheureufe celle dont l'hiftoire fe réduiroit à ces paroles : *Ce peuple n'a jamais ri ni fait rire* : je n'en dis pas davantage, c'eft au lecteur impartial à décider férieufement quelle nation dans l'Europe peut fe vanter d'avoir eu les rieurs de fon côté.

TEXTE.

Notre Magiftrature faifoit alors des miracles.

NOTE.

ON croira peut-être que ce mot miracle eft employé par métaphore : point du tout, c'eft le mot propre & je le prouve.

La Magiftrature de ce temps, de douze corps diftincts, & féparés à cinquante, à cent, & même deux cents lieues les uns des autres, fit un feul & unique corps : prodige infiniment fupérieur à celui du mois de Mai 1648.

La Magistrature faisoit alors la loi, précisément en refusant de la faire.

Elle n'opéroit jamais mieux le bien public qu'en cessant le bien de tous les particuliers.

Quand elle vouloit s'asseoir mieux & résider plus solidement, les Magistrats n'avoient qu'à prendre des bottes fortes & faire venir des chevaux de poste.

La Magistrature dont je parle, fit entrer au vu & au su de l'Europe entiere, dans l'oreille d'un seul Roi, plus de remontrances que dans les oreilles de tous les Rois ses prédécesseurs ensemble, & l'on vit le prodige du *contenu* plus grand que le *contenant*.

Le prophete Elie fit descendre une fois le feu du Ciel sur un Autel, & la Magistrature fit descendre, toutes les fois qu'il lui plut, Dieu lui-même sur le lit d'un Janséniste.

La Justice dans ses mains devint une chose si merveilleuse, qu'on vit les hommes les plus opulens se ruiner pour l'obtenir. On vit même de pauvres laboureurs quitter leur chaumiere, accourir de cent lieues, arriver à la porte du temple de la Justice, la regarder un moment, & mourir de joie, de fatigue & de faim.

L'Europe entiere regarda comme un prodige d'humanité, l'Arrêt de la Magistrature contre un méchant vieillard de la Langue-d'Oc.

L'Arrêt contre un Général, originaire du pays d'Hybernie, fut regardé comme un prodige de science militaire; & son exécution majestueuse comme un prodige de discrétion & de prudence.

Un prodige de prévoyance fut son Arrêt contre un citoyen d'Amiens, roué enfant, pour avoir mal parlé, de peur qu'il ne poussât les choses jusques à malfaire quand il seroit homme.

Ne paſſons pas ſous ſilence une invention non moins miraculeuſe de la Magiſtrature, c'étoit celle d'éternifer les livres & les penſées; invention ſupérieure en tout à celle de l'Imprimerie même, & par le fond & par la forme. Un livre contenoit-il quelque vérité précieuſe ? craignoit-on que les vers ne détruiſiſſent cette vérité en rongeant le livre ? auſſi-tôt les Magiſtrats s'aſſembloient en grande cérémonie, ils écrivoient ſur une feuille de papier magique une conjuration en forme de réquiſitoire aux puiſſances céleſtes, puis enveloppant le livre de la feuille & de la conjuration, ils faiſoient jetter le tout, par un de leurs ſuppôts, dans un feu vif & clair ; choſe que nos peres n'avoient jamais pu voir dans toutes leurs épreuves juridiques par le feu, la feuille de réquiſitoire ſeule périſſoit, & le livre conſervé par elle ſortoit de ce braſier, ſain, entier, reſplendiſſant de lumieres incorruptible & presque éternel : c'étoit alors à qui le verroit, le liroit, le croiroit.

Enfin, je terminerai cette importante note par le récit un peu plus détaillé, d'un prodige qui passe à mon gré tous les autres prodiges. Je veux parler du miracle du *Pot*, ou, si l'on veut un terme plus noble, du vase magique : je le donne en cent au Sr. le *Dru*, surnommé *Comus* : il faut expliquer ceci.

Quelques hommes un peu durs à la persuasion ont nié, malgré Moliere, que les gens de qualité sussent tout sans avoir rien appris ; mais je leur défie de disputer ce merveilleux avantage aux Magistrats du temps dont je parle : on voyoit en effet de jeunes Magistrats, mal purgés encore du mauvais lait de leur nourrice, savoir tout excepté ce qu'ils avoient appris : (1)

___

(1) J'entens par là, le Latin, & les Instituts,

tel qui s'étoit couché la veille enfant & ignorant, s'endormoit le lendemain sage, savant, profond, maître de la fortune & de la vie des hommes, plus qu'homme enfin. A quoi tenoit ce miraculeux effet ? Je vous le confierai, lecteur, mais ne me décélez pas.

Au fond du Temple de la Justice, étoit conservé avec un soin religieux un vase magique, dont je ne puis comparer la forme qu'à celle d'un pot renversé, avec quatre anses pour le saisir : dans ce vase même, au milieu d'une assemblée générale, on inféroit la tête du jeune candidat, & pour l'ordinaire, après deux heures d'infusion ou plutôt d'ébullition, cette tête, par un prodige inoui, se trouvoit pénétrée, jusques dans les derniers replis de son cerveau, de tout ce qui étoit le plus inaccessible aux autres têtes qui n'avoient point de pot magique où se fourrer.

Oui, lecteur, vous pouvez m'en croire, à l'instant même, l'Histoire de France, par exemple, s'ouvroit aux yeux du candidat comme une boîte fermée pour tous les autres; & il y voyoit intuitivement un droit public.

La métaphysique des États, ou autrement la *politique* se nichoit toute entiere sans confusion, comme sans fraction, dans cette tête infusée; politique des Etats entre eux, politique intérieure & économique, politique de la Police, politique *haute ! moyenne & basse* santé du corps politique, maladies du corps politique, régime & remedes du corps politique, rien de ces grandes connoissances ne leur étoit désormais étranger : aussi avoient-ils seuls le privilege d'en parler entr'eux sans interruption, & d'en écrire pour les Rois sans censure. Même l'un d'eux, joignant la pratique au précepte, gouverna la France, & jamais la France ne se porta si bien, à quelques légeres convulsions près dans les parties de l'*Armorique*.

Au reste, j'avertis spécialement le lecteur, de ne point confondre le vase magique du Temple de la Justice, avec un autre pot à quatre anses, où l'on faisoit dans le même temps infuser aussi quelques têtes sur une montagne qui s'éleve au sein de Paris: les habitans de cette montagne sont plus étrangers au reste des Parisiens que les Anglois aux François, même en temps de guerre ; manieres, langage, vêtement tout differe, mais la vertu de leur pot magique differe encore davantage. On remarquoit depuis long-temps que l'influence du pot de la montagne s'affoiblissoit à mesure que celle du *pot* de la Magistrature acquéroit plus d'énergie : on ne sait par quel rapport secret l'un ne pouvoit rien quand l'autre pouvoit tout.

Il y avoit encore en France d'autres talismans attachés à des pots ; mais tous alors cédoient au talisman de la Magistrature : on en vit une preuve qui étonna bien l'Europe ; ce fut fans doute le plus mémorable prodige dont la Magiſtrature puiſſe jamais ſe vanter. Le plus terrible de ces taliſmans fut jadis appliqué, par un magicien Eſpagnol, au fond d'un pot à trois anſes : ce vaſe miraculeux donna long-temps à ceux qui ſe l'enfonçoient ſur la tête juſques aux yeux un pouvoir ſurhumain : comme *Joſué*, ils arrêtoient le Soleil dans ſa courſe : comme *Canidie*, ils faiſoient deſcendre la Lune le ſoir pour danſer ſur l'herbe fraîche : c'étoit pour eux un jeu de faire pâlir les Rois ſur leur trône. A leur voix, à leur geſte, on voyoit ces Rois en deſcendre, ſe proſterner à genoux comme des enfans timides, confeſſer leurs fautes, attendant avec frayeur leur pardon de la bouche de ces nouveaux maîtres.... Eh bien ! ce qu'on n'auroit jamais oſé même imaginer, ce taliſman ſi célebre, ſi redouté, on le vit

vit se briser en mille pieces au premier choc du pot magique de la Magistrature ; ce fut véritablement le combat du pot de fer contre le pot de terre. Avec un secret pareil il ne faut plus s'étonner des miracles que fit alors la Magistrature, mais de ceux qu'elle ne fit pas.

Je n'en dirai pas davantage, mais je confie au lecteur (toujours sous le secret) que j'ai dans mon portefeuille, une histoire *philosophique* & *politique* de tous ces pots en tête, ou de ces têtes en pot. L'ouvrage, sur ma parole, sera curieux autant qu'utile ; c'est-là que je me flatte de démontrer, non par raisons, mais par anecdotes, ce qui est bien plus fort, que tous ces vases ou pots magiques viennent s'emboîter & comme se perdre dans un autre pot en tête, le plus puissant de tous. Lecteur ! vous voilà déjà curieux de le connoître ; & j'entends que vous me demandez d'avance le nom de ce

H

vase merveilleux. En vérité j'ai presque honte de prononcer celui que le sot vulgaire lui a donné : ne sauriez vous le deviner, pour m'obliger ?... Vous ne voulez pas : vous êtes paresseux ; en votre qualité de lecteur, vous prétendez sans doute que je dois, moi, en ma qualité d'auteur, vous mettre tout sous les yeux & dans les mains... Eh bien, j'obéis, puisque je vous ai fait mon maître : apprenez donc que ce premier des pots en tête, cette espece de casque devant lequel toute valeur fléchit, toute fierté s'humilie, toute puissance s'abaisse, toute force s'affoiblit ; ce casque qui fut comme un joug pour la tête d'Alexandre même & de César. Eh bien, lecteur ! c'est, ne vous en déplaise, *un bonnet de nuit*.

Oui, lecteur, un bonnet de nuit : ne vous recriez pas ; attendez mon livre, lisez le bien, & vous conviendrez avec étonnement des rapports géométriques, physiques, politiques & moraux du bonnet de nuit avec tous les autres bonnets, & par cette entremise avec toutes les têtes ; car les têtes valent bien plus par leur bonnet, que les bonnets ne valent par les têtes.

Si par hasard, lecteur, vous êtes géometre (ce qu'à Dieu ne plaise) vous découvrirez peut-être dans ces rapports du bonnet de nuit avec les bonnets quarrés, triangulaires, ronds, &c. le germe d'une géométrie nouvelle & transcendante ; vous verrez naître des différentes courbures de ces bonnets des problêmes incomparablement plus curieux, & plus utiles que ceux de la *spirale*, de la *cicloïde*, des *trajectoires*, &c. qui sait même si dans la courbe du bonnet de nuit vous ne trouveriez pas la vraie solution du fameux problême *de la plus vite descente*

Que si vous êtes physicien, vous appercevrez dans le bonnet de nuit le premier des magnetismes.

Si vous êtes politique, vous y verrez le moule des états : êtes-vous philosophe, vous y observerez le moule secret du cœur humain, celui où les hommes viennent prendre leur *maîtresse forme*, comme dit Montagne.

Vous m'interrompez, impatient lecteur, pour me demander quel rapport peut avoir un bonnet de nuit avec la Bastille, qui est mon premier sujet. Ah ! croyez-moi, le rapport souvent le plus intime. Les bonnets quarrés, les bonnets triangulaires, les bonnets ronds ou pointus, les bonnets fendus, enfin les bonnets à trois étages ont eu de très-grands rapports avec toutes les Bastilles de l'Univers ; mais ces rapports se sont altérés par le temps, au lieu que l'influence du bonnet de nuit ne changera jamais. Mais, patience, attendez mon livre : il est sous presse.

Graces au Ciel j'ai fini cette note,

& je l'ai relue avec complaisance. En vérité, si le lecteur m'accuse de méthode je ne sais plus qu'y faire.

TEXTE.

Comment concilier l'honneur avec les banqueroutes devenues méthode de commerce & principe de richesses.

NOTE

Sur les banqueroutes.

JE définis une banqueroute, *une méthode inventée par les débiteurs pour forcer un créancier à leur céder une partie de son bien, par la crainte de perdre le tout avec les gens d'affaires.*

Or, d'après cette définition, je raisonne & je dis : cette méthode n'est point un privilege exclusif pour tel homme, telle compagnie, ni même pour tel Gouvernement ; par le temps qui court, Roi, Prince, Duc & Pair,

Banquier, Négociant, porte-balle, fait banqueroute qui veut ou qui peut, & tel qui l'essuie aujourd'hui, la fera demain lui-même. Sous ce point de vue, les banqueroutes doivent être regardées comme un nouvel instrument de la circulation des richesses ; la fortune de l'état doit être proportionnée à l'étendue & à la rapidité de cette circulation : elle peut être telle, que tous paroissant perdre, tous y gagnent réellement : paradoxe dont la preuve seroit assez facile, mais elle nous méneroit trop loin. Enfin, sous un autre point de vue, on peut considérer les banqueroutes comme un excellent préservatif contre les rapines des gens de Justice ou d'injustice.

Pour vous convaincre de ces deux vérités, bien mieux que par de longs raisonnemens, tâchez de souper chez un grand Seigneur, un riche Banquier, un célebre Négociant huit jours après sa banqueroute : placez-vous à ses côtés, & saisissez ce moment où quelques verres de vin de Champagne écartent les levres en dilatant le cœur, dites-lui : « Vous venez de » nous donner un excellent souper : » j'ai vu autour de votre table beau- » coup de domestiques : votre maison » est superbe : vous me paroissez » gai, content, dans l'opulence ; » pourquoi, je vous prie, avez-vous » fait banqueroute ? » Si la vertu de la *dive bouteille*, comme dit Rabelais, opere un peu, il vous répondra à l'oreille : « Que voulez-vous, toutes » les opérations commençoient à lan- » guir ; j'empruntois difficilement ; » rien n'alloit ; il falloit une révolu- » tion, une secousse, un tour de » clef pour remonter la machine de » ma fortune ; en un mot, une ban- » queroute : vous me trouvez l'air » gai & content, c'est que je le » suis ; un lendemain de banqueroute, » voyez-vous, est un vrai lendemain

» de médecine ; plus d'embarras, de
» nausées, d'engorgemens, l'appétit re-
» naît, la santé & la force se réveil-
» lent jusques à nouvel ordre »......
A merveilles.

Delà, faites en sorte d'avoir accès dans la maison du principal créancier de cette banqueroute ; la chose sera moins aisée, je vous en avertis ; la porte est fermée ; déjà la moitié des domestiques est renvoyée ; leurs gages mal payés ; le foyer de la cuisine est froid ; la maîtresse de la maison est sans parure ; le maître a l'air inquiet, agité d'un homme qui cherche inutilement ce qu'il a perdu : ajustez, en l'abordant, votre contenance, baissez la voix, & essayez de lui dire : « D'où
» vient, Monsieur, n'avez-vous pas fait
» pendre ce mal honnête-homme qui
» vous enleve la moitié de votre bien ?

» Eh ! morbleu, Monsieur, que ve-
» nez-vous me conter ; j'en suis quitte
» pour la moitié, & les Procureurs

» & conforts m'auroient demandé le
» tout pour payer la potence, le bour-
» reau & eux : mais patience, pleu-
» rera bien qui pleurera le dernier ;
» j'ai auſſi des créanciers, par la gra-
» ce de Dieu, & je m'entens... Ainſi
répondra le créancier après le débi-
teur : & voilà des deux parts l'eſprit
des banqueroutes.

Mais ne ſauroit-on remédier à ces horribles abus ?

Le remede eſt fort ſimple, en ſuppoſant toutefois que ceci ſoit un mal, choſe dont je ſuis fort loin de convenir.

Quel eſt donc votre remede ſimple ?

Une bagatelle ; d'autres loix & d'autres mœurs.

C'eſt à-peu-près ainſi que je converſois un jour avec un Seigneur *Argentier*, expreſſion qui nous manque, & que j'emploie hardiment en attendant ratification, pour l'oppoſer à celle de Seigneur *Foncier*, ou *terrien* : cet homme étoit fort riche ; mais toute sa fortune consistoit en argent comptant : il n'en savoit que faire ; sans cesse il y rêvoit, & ne pouvoit se décider ; les banqueroutes avoient rempli son ame de terreur, & ce mot seul le faisoit presque tomber en convulsion. Naturellement timide & irrésolu, il sembloit encore qu'un démon se plût à déconcerter par les rêves de la nuit tous les projets de la journée : son esprit étoit la toile de Pénélope, ce qu'il avoit tissu le matin, il le détissoit le soir : les rêves de ce Seigneur d'argent, étoient trop singuliers pour que je ne les raconte pas ; ceux que Don Quichote fit dans la caverne de *Montesinos* ne sont rien auprès : je ferai bien aise d'en proposer l'interprétation à la sagacité de mes lecteurs. Le Mercure ne propose-t-il pas aux siens tous les mois des énigmes à deviner ? Apparemment cela plaît, puisque cela dure : & puis,

voici l'hyver ; le feu raſſemble ; les ſoi‑
rées ſont longues ; qu'a‑t‑on de mieux
à faire qu'à raconter ſes rêves & écou‑
ter ceux des autres.

Voici donc les ſonges de cet hom‑
me, à qui la crainte des banqueroutes
cauſoit la fievre, & troubloit la tête.
Un jour qu'il s'étoit plus fatigué qu'à
l'ordinaire de ces pénibles idées, il
aſſiſta à l'une des plus belles cérémo‑
nies de notre religion. « Quelle pompe !
» quelle magnificence ! ſe dit‑il à lui‑
» même en ſortant, ceci m'éclaire,
» & je confierai mon argent à l'Egliſe :
» Dieu même n'a‑t‑il pas dit : *Tu es*
» *Pierre, & ſur cette pierre j'édifierai*
» *mon Egliſe*? Quelle main mortelle
» pourroit ébranler un tel édifice ; &
» d'ailleurs par quelle ſage politique
» les Miniſtres de cette Egliſe n'ont‑
» ils pas encore affermi ces fonde‑
» mens ſacrés ? Les finances ſont l'ame
» univerſelle de tous les corps,
» grands & petits : quel ſyſtême de

» finance fur la terre entiére pourroit-
» on oppofer à celui des gens d'E-
» glife : il y a trois défilés par lefquels
» il faut que tous les êtres paffent, la
» naiffance, la vie & la mort : c'eft
» à ces paffages que ces hommes
» fages fe font heureufement pof-
» tés : les hommes paffent-ils du néant
» à l'être ? impôt fur la naiffance : les
» hommes prolongent-ils leur durée
» par le fecours des fruits de la terre ?
» impôt du dixieme net fur tous les
» fruits de la terre : enfin, les hom-
» mes repaffent-ils de l'être au néant ?
» (1) impôt fur la mort. Cela eft
» fimple, net, auffi invariable qu'iné-
» puifable ; prêtons donc mon argent
» à l'Eglife. »

---

(1) Cet homme, qui auroit voulu rendu fon argent éternel, croyoit à plus forte raifon, que fon ame étoit immortelle : par ce mot de *néant*, il n'entendoit que l'anéantiffement de cette argile figurée, qui éleve fi fiérement fa tête à cinq pieds de terre, & marche fi noblement dans la boue, en faifant des enjam-bées d'environ 36 pouces.

Le reste du jour mon homme se berça dans cette idée, & s'endormit en disant : « demain je porterai mon » argent à l'Eglise ; » mais à peine il avoit perdu ses sens, que le rêve le plus étonnant s'empara de lui, & l'obséda jusqu'au reveil : il rêva qu'il avoit déposé, avec une confiance respectueuse, sa fortune toute entiere dans le sanctuaire d'une grande basilique, où quarante personnes, en longue tunique blanche, sembloient veiller nuit & jour à sa garde : il se complaisoit dans sa prudence, lorsque tout à coup un orage se fit entendre dans le lointain, du côté du nord ; il étoit accompagné de grands coups de tonnerre, précédés & suivis d'une lumiere aussi vive, mais plus durable que les éclairs : insensiblement cet orage se rapprocha & parvint enfin jusques à la grande basilique du dépôt ; alors du sein d'un nuage partit un trait de lumiere & de feu qui entrouvrit l'édifice, du faîte aux fondemens, & fondit dans son passage tout l'argent déposé dans le sanctuaire.

Le lendemain, l'*argentier* rêvant sur son rêve, se dit: « Je me trompois, » & sans doute Dieu ne veut pas que » son Eglise ait tant d'argent; mais » je ne m'éloignerai pas beaucoup de » mon dessein, car je le prêterai à » une grande maison de charité à qui » l'argent a manqué pour nourrir les » indigens & guérir les malades: cette » maison est solide comme la vertu, » & je sens quelque plaisir (en pre- » nant mes sûretés comme de raison) » de m'associer à des actes héroïques » de bienfaisance. » Il tenoit ce propos à minuit, & il rêvoit avant une heure, qu'étant entré chargé de son argent dans un grand Hôpital, il étoit parvenu de salle en salle dans un vaste laboratoire de chymie: cent ouvriers y travailloient au milieu de mille instrumens; il remit son argent dans les mains de leur chef, & sans délai il crut voir que de cet argent, fondu au creuset, & amalgamé avec d'autres matieres, ces ouvriers tiroient avec dextérité des elixirs, des cordiaux, des juleps, des onguens, &c. Cet emploi contentoit son cœur, lorsqu'une douzaine d'hommes, les uns en manteau long, les autres en manteau court, mais tous d'un visage grave & austere, entrerent dans ce laboratoire, en chasserent tous les ouvriers, & fermerent sur eux la porte à double tour. Alors leur visage se dérida, & tous en riant se mirent à faire un nouveau mélange de toutes ces matieres; ils y jetterent un dissolvant qui ressembloit à de l'encre; & par une opération bien étonnante, parvinrent enfin à extraire l'or & l'argent de tous ces composés: cette opération fut aussi prompte que le partage des métaux entre ces singuliers chymistes, qui jetterent le résidu avec

« Ceci ne signifie rien de bon, » dit le rêveur en s'éveillant, j'ai bien » peur que mon argent prêté pour » payer des remedes aux malades, » n'achete du vin de Champagne pour » des hommes qui ont trop de santé : » gardons-nous en bien......

Dans ce temps un grand Seigneur daignoit recevoir l'argent de ceux qui l'apportoient à son Notaire. Ce grand Seigneur (chose alors fort rare) portoit un de ces noms qu'on trouve gravés sur toutes les pierres des fondemens de la Monarchie : sa fortune répondoit à son nom ; l'homme aux rêves crut n'avoir rien de mieux à faire que de mettre son argent sous la double garde, pour ainsi dire, de la splendeur & de l'honneur : il courut chez le Notaire, & l'heure fut prise pour le lendemain. Effectivement le sommeilleur fut exact au rendez-vous, mais il y vint les mains vuides : « excusez ma foiblesse, dit-il au

Notaire,

« Notaire, je crois aux rêves, &
» cette nuit même, j'ai rêvé (vous
» m'en voyez encore troublé) qu'ayant
» compté mon argent sur un superbe
» manteau ducal, j'ai vu ce manteau
» se replier tout-à-coup, & s'élever si
» haut qu'il ne m'a plus été possible de
» l'atteindre, sinon de l'œil : je me flat-
» tois dans ma peine que du moins il
» en retomberoit sur-moi quelques pie-
» ces par quelque fente; mon espérance
» a été bien trompée, car j'ai vu ce
» maudit manteau s'ouvrir loin de moi,
» sur l'opéra & quelques maisons atte-
» nantes, & mon argent y retomber en
» pluie d'or : excusez, vous dis-je, je ne
» puis vaincre ma crédulité pour les
» songes ; je garderai mon argent, & si
» sa destinée est de tomber sur l'opéra,
» j'aime mieux que ce soit de ma main
» que d'un manteau ducal. »

Alors une grande Ville maritime
faisoit un commerce immense ; & dans
cette Ville un négociant faisoit lui

seul autant de commerce que tous les autres : « je lui enverrai mon argent, » dit le rêveur, je sais qu'il le pren- » dra : les mers sont devenues de » l'or liquide, & je n'aurai rien à » craindre. »

Un rêve sembloit attendre ces dernieres paroles que mon homme avoit dit en se couchant, pour lui faire entendre une voix terrible qui, d'un bout de la terre, pendant que tout étoit en silence, cria soudain *dispute en Amérique* : aussi-tôt une autre voix plus terrible encore, s'éleva de l'autre bout de la terre, & répondit : *dispute en Europe*. Alors il se fit derechef un vaste silence, interrompu de temps en temps par le murmure sourd & lointain d'un grand nombre d'hommes qui se querelloient. Mais quelque temps après la premiere voix se fit entendre de nouveau, & cria de son pôle, *guerre en Amérique*. Aussitôt la seconde voix, avec un son horrible, inexprimable, répondit de l'autre pôle, *guerre en Europe, guerre par-tout* : à ces mots, comme à un signal, les cieux s'obscurcirent, la terre trembla, les vents déchaînés & sifflant tous à la fois avec furie des quatre points du globe, semblerent s'accorder à déchirer le sein de l'Océan ; & le foulant de sa surface à sa base, on eût dit qu'ils se faisoient un jeu épouvantable de le faire soulever en montagnes mobiles, qui tour à tour s'écrouloient avec fracas, & renaissoient sur leurs bases.

Dans cette convulsion subite & générale du globe, tous les vaisseaux chasserent sur leurs ancres, & parmi les cris, les hurlemens de ceux qui les montoient & de ceux qui les regardoient du rivage, les uns furent engloutis par ces montagnes d'eau, les autres cinglerent vers l'embouchure de la Tamise, comme une fleche qui fend l'air. Le rêveur poussa l'illusion

(que ne peut la folie des songes) jusqu'à se figurer que la Ville de Paris, transformée tout-à-coup en vaisseau, étoit allée d'elle-même parmi cet orage se refugier dans un port d'Angleterre, & se soumettre à sa rivale. Les deux nations accoururent sur leurs rivages opposés, pour vérifier ce prodige inouï, & toutes deux, après s'être bien frotté les yeux, ne pouvant plus en douter, pousserent à la fois, l'une un cri perçant d'allégresse, l'autre un cri de fureur qui reveilla le songeur en sursaut.

« Qu'allois-je faire, s'écria-t-il, le
» Ciel me préserve de laisser jamais
» mon argent approcher de dix lieues,
» ce gouffre qui engloutit tout & ne
» rend rien.... Mais pourquoi tant
» m'inquieter ? Je vais chercher bien
» loin ce qui est sous ma main : que
» n'ai-je depuis dix ans confié ma for-
» tune à ce riche négociant mon voi-
» sin, qui me fera, je l'espere, le plai-

» fir de s'en charger ; c'est un homme so-
» lide celui-là , inébranlable comme
» la terre ferme sur laquelle roule
» son commerce : oui, je lui prêterai
» mon argent. »

Sur cette douce idée, ce riche malheureux remit sa tête sur son chevet :
le sommeil sembloit l'y attendre avec
un nouveau rêve : mais quel rêve !
ne va-t-il pas se figurer qu'ayant jetté
ses sacs d'argent dans la grande ba-
lance de son voisin le négociant, cet
argent avoit eu d'abord un grand poids,
mais qu'ensuite il avoit pesé un peu
moins, puis moins encore, tant qu'enfin au terme de l'échéance, tout son
argent n'avoit eu que le poids d'une
simple feuille de papier doré sur tran-
che qu'on lui remit avec beaucoup de
cérémonie. Il faut tout dire, on lui
rendit les sacs : il rêva encore qu'é-
tant sorti incontinent, son papier à la
main, & tout pensif sur la nature de ce
singulier échange, un coup de vent lui

avoit encore enlevé des doigts la feuille dorée pour en faire son jouet.

Jugez, après ce rêve, si les sacs allerent chez le voisin : mais le dernier de ces songes passa tous les autres en bizarreries : excédé de tant d'incertitudes, le maître de cet argent si cher, si difficile, si délicat, résolut enfin de le confier à la garde de l'un de ces huit à dix hommes en Europe qui font tout *par la grace de Dieu.* « Certainement, dit-il, ni la grace » de Dieu dont ils disposent pour » eux, ni la justice dont ils dispo- » sent pour nous ne leur permetront pas de dissiper mon argent. » Jamais il ne se promit un sommeil plus paisible, & jamais il n'essuya de rêve plus orageux : à peine Morphée avoit englué ses paupieres, que mon rêveur se crut transporté dans une vaste plaine ; & ce qui fixa d'abord ses regards, fut un gouffre d'une largeur effrayante qui s'ouvroit au milieu : on voyoit aux environs une foule confuſe s'agiter, ſe pouſſer, ſe coudoyer ; les uns s'approchoient & ſembloient meſurer de l'œil la profondeur : d'autres couroient tout autour comme des furieux juſqu'à tomber & mourir de laſſitude ; mais à l'aſpect de quelques hommes qui ſurvenoient toute la foule s'écartoit avec reſpect & les regardoit paſſer en ſilence : ces hommes étoient des portefaix à larges épaules, chargés de hottes remplies de ſacs d'argent, qu'ils venoient tous l'un après l'autre verſer dans le gouffre : à peine ils s'etoient retirés que l'agitation de la foule redoubloit à l'entour de l'ouverture : quelques-uns ſembloient prêts à s'y jetter, un petit nombre ſe retiroit avec un doigt ſur la bouche.

Au milieu de ce tumulte, le rêveur vit tout-à-coup paroître une multitude incroyable de mains, qui de toutes les parties de l'horiſon, du ſud, du nord, de l'eſt, de l'oüeſt, du nord-quart-nord-eſt du ſud-eſt-quart-eſt, en un mot des trente deux *rhumbs* de vent voloient rapidement vers le gouffre. Toutes ces mains ſe reſſembloient en deux choſes ; elles avoient toutes les doigts trop longs & les ongles un peu crochues ; & toutes avoient auſſi des aîles rattachées au-deſſous du coude : à cela près ces mains différoient en tout ; pluſieurs tenoient une épée dans le fourreau & voloient avec des aîles larges & bruyantes ſemblables à des lambeaux de drapeaux militaires : d'autres mains, qu'on eût pris pour des mains de femmes, gliſſoient doucement dans l'air en tenant une croix, & donnant chemin faiſant de grandes bénédictions : leurs aîles bleues lizerées de blanc, avoient aſſez la forme d'un petit colet : on en voyoit qui tenoient dans leurs doigts un grand porte-feuille ; deux grands rabats étendus en forme d'aîles ſoutenoient en l'air ces mains là par des mouvemens lents & mesurés: mais les mains qui réunirent toute l'attention du rêveur, étoient des mains rondes, blanches, potelées & tenantes à un bras non moins rond, non moins blanc & potelé ; leurs aîles, plus brillantes que celles du plus beau papillon, étoient de gaze brodée de fleurs ; elles parfumoient au loin l'air qui les environnoit : « c'est bien dommage disoit le songeur, que de si jolies mains aient des doigts si crochus. » A peine il achevoit ces paroles, qu'un nouvel escadron de mains parut s'élever du fond d'un grand bourbier comme un nuage épais. A cette apparition, les jolies mains blanches & rondes s'agitterent prodigieusement, firent cent caracoles, & volerent en folâtrant à la rencontre de la nouvelle phalange de mains : à mesure qu'elle approchoit, l'homme aux rêves se sentoit saisi d'un effroi & d'une horreur involontaires : enfin il put les voir, il discerna leur forme, & rien ne pourroit exprimer son étonnement : ces mains plus longues, plus crochues dix fois que toutes les autres, étoient entées sur un bras noir, vêlu, nerveux & monstrueux : leurs aîles plus vigoureuses que celles du grand aigle des Alpes, étoient un prodige par l'assemblage, & la variété de ce qui les formoit. Le bouclier d'Homere contenoit moins de choses que ces aîles là ; elles étoient composées de véritables plumes, mais de plumes taillées pour écrire : on en voyoit même encor distiller une liqueur qui sembloit un mélange affreux d'encre & de sang ; mais ce qu'on ne croiroit point, ce qu'on ne se figureroit pas même un peu nettement, si Virgile n'avoit vu & assuré la même chose dans sa belle description du monstre de la renommée, (1)

(1) . . . . . . Pedibus celerem & pernicibus alis
Monstrum horrendum, ingens, cui quot sunt corpore plumæ
Tot vigiles oculi subter, mirabile dictu
Tot linguæ, totidem ora sonant, tot subrigit aures.

c'est que chaque plume de ces aîles cachoit un œil, une bouche, une langue & une longue oreille : à chaque battement, par un méchanisme incroyable & qu'on ne peut comparer qu'à celui des tableaux mouvants, ces aîles offroient dans toute leur étendue une multitude d'yeux étincelans & dévorants, une multitude de bouches béantes & mugissantes : d'abord toutes les bouches de toutes ces mains crierent à la fois & à l'unisson. « Foibles mor-
» tels, préparez votre or & votre ar-
» gent, nous venons exprès pour le
» chercher & le prendre. »

Après ce cri, ou plutôt ce beuglement unanime, on entendit une confusion énorme de cris différens ; cependant, en prêtant l'oreille, le rêveur distingua plusieurs bouches, qui crioient à tue tête : « mortels, apprenez que le
» Dieu Neptune nous a vendu la
» mer ; dussiez-vous tomber tous en
» pourriture, vous ne mangerez pas

» un grain de sel sans notre permis-
» sion : ou, par la mort... » Ces derniers, mots prononcés avec un son
épouvantable, firent tomber en défail-
lance la moitié des hommes & des animaux qui purent les entendre.

Un instant après d'autres bouches
se mirent à crier : « De par le Dieu
» Bacchus, malheur à ceux qui boi-
» ront leur vin sans nous le payer ;
» vos vignes, votre vin & votre go-
» sier nous appartiennent : le Dieu
» Bacchus nous les a cédés. »

D'un autre côté on entendoit : « La
» grande déesse Cerès nous a donné,
» par un bail passé dans l'Olympe,
» tous les fruits de vos campagnes :
» laboureurs, gardez-vous d'y tou-
» cher avant que nous ayons tout
» pris, excepté les écorces & les se-
» mences pour l'année prochaine. »

Certaines bouches proclamoient ceci :
» De la part de Minerve, déesse de la
» sagesse, & de Thémis sa sœur, déesse

» de la Justice, mortels, sachez qu'elles
» nous ont donné un tarif pour les pa-
» roles. Nous ne vous demandons rien
» quant à présent pour les paroles en
» l'air, mais vous nous payerez toutes
» vos paroles réelles.

Chose qui prouve bien la bizarrerie des songes, cet honnête homme m'a juré qu'il avoit entendu très-distinctement un grand nombre de ces bouches qui, d'une voix tonnante, disoient : O hommes, votre nez n'est plus à vous ; car nous l'avons spécialement affermé : de part le Dieu *Sternutatorius*, ce grand Dieu qu'aujourd'hui l'univers adore par préférence à Cérès elle-même, il vous est défendu d'éternuer, & de vous moucher sans notre ordre : quiconque aura l'audace de chatouiller le nez de son voisin par contrebande, sera pendu pour la premiere fois, & roué pour la seconde, s'il s'avise de porter un petit couteau dans sa poche : & quiconque aura la

» foiblesse de se laisser chatouiller les
» narines de cette maniere infâme sera
» ruiné, pour lui apprendre à vivre &
» à se moucher en conscience.

De temps en temps une voix, qui couvroit toutes les autres, remplissoit l'horison entier de ces paroles : « De
» la part du grand Jupiter, hommes,
» payez votre tête ; car votre tête
» appartient au grand Jupiter. » Enfin cette horrible discordance se terminoit par un unisson plus horrible encore ; toutes ces voix hurloient en faux bourdon, comme aux *auto-dafé*, ces quatre paroles : « Jugement de
» la commission de Valence. Jugement
» de la commission de Rheims. Jugement de la commission de Saumur. »

Par-tout, où cette légion de mains passoit en volant, on voyoit plusieurs lieues à la ronde les fleurs se faner, les fruits se putréfier, les plantes, les arbres se dessécher ; & les hommes même tomber, comme frappés de paralyſie : ces lieux n'offroient plus que l'aſpect hideux d'un cimetiere ; & d'un déſert.

Ainſi criant pour demander, regardant pour prendre, effrayant tout, détruiſant tout, cette armée de mains ennemies vola vers, le gouffre en écartant à droit & à gauche toutes les autres mains ſur ſon paſſage, excepté pourtant les petites mains blanches & potelées, leſquelles ne ceſſoient avec leurs aîles de gaze de ſe jouer & de caracoler comme des troupes légeres autour de ce corps de bataille des pattes velues. Quand elles furent immédiatement au-deſſus du gouffre, l'ouverture preſque entiere en parut couverte ; ſoudain toutes plongerent, ou plutòt fondirent dans l'intérieur, & l'inſtant d'après, chacune reparut avec des ſacs énormes d'argent accrochés à chaque doigt. Mais ce qui ne laiſſa pas de réjouir mon ſonge creux, ce fut de voir alors les mains potelées, qui tout en se jouant, escamotoient finement, l'un après l'autre, aux vilaines mains vêlues, tous leurs sacs, ou peu s'en faut. Le rêveur leur applaudissoit au fond du cœur lorsque parmi ces sacs accrochés & puis escamotés, il reconnut, à ne pouvoir s'y méprendre, le plus considérable des siens; l'étiquette, l'écriture, le cachet, c'étoit son argent. A cette vue il s'élança avec fureur pour le resaisir, mais son mouvement fit partir, comme par une détente, une décharge d'Artillerie, dont le bruit seul le renversa & le reveilla, bien étonné de se trouver en bas de son lit : il m'a dit plus de vingt fois que, sur l'intensité du son, il avoit estimé cette décharge de mille canons au moins, & cent mille fusils, qui tous avoient tiré pour l'empêcher de reprendre son argent ; & depuis lors, il lui est resté un bruissement dans l'oreille, qui l'empêche d'entendre

dre les gens doux & modérés, qui pour l'ordinaire parlent fort bas.

Jugez, lecteur, si cet homme, que de moindres rêves avoient découragé, fut consterné de celui-ci : enfin, après avoir soigneusement calculé que, de tous les dangers, les plus grands sont ceux que fait courir la prévoyance, il s'étoit, en derniere analyse déterminé, pour risquer le moins possible, à s'abandonner au hasard tout pur, & mettre son argent dans une Loterie de probité : il la cherchoit lorsque nous eumes ensemble la petite conversation que j'ai écrite.

Cependant je lui expliquai mes idées pour prévenir & punir les banqueroutes, & il les approuva : j'avoue que je meurs d'envie de les exposer ici, mais j'y résiste : ce seroit mettre un livre dans une note : j'en formerai un ouvrage à part, où je résoudrai deux questions : la premiere qu'est-ce qu'une banqueroute fraudu-

K.

leuse ? La seconde, comment doit-on la punir ? J'en résoudrai même trois, car je prétends dire comment on peut prévenir les banqueroutes ?

Nous avons une Loi sur le commerce qui a voulu répondre aux deux premieres questions : mais après l'avoir bien lue & relue, on ferme la Loi, & l'on demande : *Qu'est-ce qu'une banqueroute frauduleuse, & comment doit-on la punir ?*

Derniérement Mr. le Marquis de Beccaria, dans un ouvrage excellent à plusieurs égards, mais plus loué que bien lu, paroît avoir aussi voulu résoudre ces deux questions, dans un seul chapitre : j'ai lu le chapitre & le livre du mieux que j'ai pu, & je demande : *Qu'est-ce qu'une banqueroute frauduleuse, & comment doit-on la punir ?*

TEXTE.

Je puis me tromper, mais j'ose dire que l'honneur d'un Evêque consiste dans la science de la religion, unie à sa constante pratique : n'étoit-ce donc pas une chose admirable que le plus haut Clergé soutînt la religion sans la pratiquer ni même la savoir ?

NOTE

Sur le Clergé du temps passé.

C'Étoit le temps où des Evêques ne vouloient recevoir, *que par la grace de Dieu*, cent mille livres de rentes, qui ne leur étoient données que par la faveur du Roi.

C'étoit le temps où les jeunes Abbés se piquoient d'accorder tout à la beauté, pour apprendre à vivre à certains vieux Abbés, qui s'obstinoient à tout refuser à la grace.

C'étoit le temps de ces excellens mandemens, qui faifoient dire à un homme un peu naïf. *Et vous, Monfeigneur.*

C'étoit le temps où la confcience d'un grand Prélat étoit comparée à une lanterne fourde, par un autre Prélat dont la lanterne étoit bien ouverte.

C'étoit le temps des fameux *actes* de ces affemblées, qui par les époques de leur retour, & par tout ce qui s'y paffe, pourroient être appellées *les jeux olympiques du Clergé*. Alors du fond de quelque cabinet de la montagne favante & fainte, dont Paris s'honore, ces admirables écrits venoient, avec fecret & modeftie, briller fur le théâtre des grands Auguftins, d'un éclat qui faifoit à la fois pâlir les Parlemens, & noirciffoit les Philofophes. S'il eft permis de comparer le profane au facré, les Evêques étoient à ces écrits ce que les acteurs font aux drames qu'ils n'ont point fait, mais dont ils font toute la gloire en les jouant.

Ce fut dans ce temps même que l'Europe vit *Helvetius*, la torche de la philosophie au poing, faire, à la face du public, au nom de l'*esprit* & de la raison, amende honorable au Clergé, qui n'aimoit gueres l'esprit & craignoit beaucoup la raison.

Dans ce temps à-peu-près on vit aussi le gazetier de l'Eglise, enseigner les loix à Montesquieu; la Sorbonne, la physique à Buffon & la métaphysique à Diderot; un grand Archevêque, la dialectique à Jean-Jacques; & l'Archidiacre Trublet,, le beau style à Voltaire.

Nous nous vantons aujourd'hui d'un Abbé de l'*épée*, qui se mêle seul d'apprendre aux muets à parler; & dans ce temps, une foule d'Abbés apprirent à voir à l'aveugle Bélisaire.

Enfin, coupons court, c'étoit le temps de toutes les grandes vertus; de la résidence à Paris; de la charité pour les jeunes orphelines ; de la bienfaisance pour ses propres parents ; des bonnes œuvres dans les petits cabinets ; des bons discours dans les soupers fins ; du zele dans les procès , & des grands procès pour les plus petits intérêts. O le bon temps ! qu'il est dur aujourd'hui de vivre , & d'avoir vécu !

TEXTE.

Que penser du principe de Montesquieu ? Ce qu'on doit penser de tout systême : c'est le rêve d'un homme éveillé.

NOTE.

Sur les principes des Gouvernemens.

JE suppose (mais pour un moment seulement) qu'une Bastille ne soit pas le véritable principe de la Monarchie ; M. de Montesquieu en auroit-il pour cela plus de raison ? Et ce principe seroit-il uniquement ce qu'il appelle *l'honneur* , sans expliquer assez ce que c'est que *l'honneur* ? C'est une question que je veux effleurer, car le ciel me préserve de rien approfondir.

Je me figure qu'étant allé tout exprès au château de la *Brede*, pour rendre à M. de Montesquieu un hommage bien vrai, mais sans excès, il m'a fait l'honneur de me retenir à dîner ; & qu'enhardi vers le dessert par quelques verres de vin de Bordeaux, je m'émancipe à lui parler ainsi : (toujours avec la voix du respect & le ton du doute.)

Je vous avoue, M. le Président, que vos trois principes des Gouvernemens n'ont jamais bien pu m'entrer dans la tête : si par *principe d'un Gouvernement* vous entendez les passions qui ont fait subsister quelques siecles les Gouvernemens connus ; j'ose assurer, devant vous-même, que nul Gouvernement n'a subsisté par un principe uniforme & constant. Le plus ordinaire est que la *vertu politique* fait subsister les Gouvernemens dans leur enfance, le desir de l'estime dans leur virilité, & la crainte dans leur vieillesse.

Il n'est point de Gouvernement où, même dans chaque époque, on ne trouve en mille circonstances ces trois *principes*, qui se combinent pour le conserver, tantôt tour-à-tour, tantôt tous à la fois.

Je prendrai la liberté de vous faire remarquer à ce sujet, que tous les citoyens d'un état ne sont point, & ne peuvent pas être animés du même principe : il se peut dans telle Monarchie que le peuple agisse par crainte, les Grands par honneur, & le Monarque par vertu politique.

Excusez, M. le Président, si j'ose parler si long-temps devant vous, mais je veux m'éclairer, & d'ailleurs je sais que plus on a d'esprit, plus on est indulgent pour celui que les autres n'ont pas : il me semble donc que ces mots, *principe d'un Gouver-*

nement ont encore un autre sens qu'il est bon d'éclaircir.

On peut entendre par-là la passion que l'économie, ou, si l'on veut, l'organisation particuliere de chaque Gouvernement, favorise le plus. Un Gouvernement, en effet, a son organisation propre qui le dispose, comme l'individu physique, plus à telle passion qu'à telle autre : dans ce sens, je conviens qu'il faut répondre avec vous, Monsieur le Président, que le principe de la Démocratie est la vertu, celui de la Monarchie, l'honneur; & la crainte, celui du despotisme : mais observez, je vous prie, que dans les individus moraux, comme dans les individus physiques la passion la plus naturelle n'est pas toujours la plus propre à leur conservation. Tel homme organisé pour la passion de l'amour, n'en est que plutôt détruit; & tel Gouvernement disposé, pour exciter le desir de l'estime, n'en est que plutôt dépravé : la vertu politique elle-même ou l'amour de la patrie, quand ce principe est trop dominant, peut conduire un peuple à cette espece d'égoïsme politique, d'où naissent l'injustice, les guerres & la ruine. Si Annibal eût passé Capoue, l'histoire de Rome eût peut-être prouvé ce que j'avance. (1) J'ose dire qu'il faut bien distinguer ce qui conserve de ce qui fait agir : le plus grand principe *d'action*, n'est point le meilleur principe de *conservation*.

---

(1) M. de Montesquieu (ceci soit dit en passant) dans son excellent livre sur les causes de la grandeur & de la décadence des Romains, ne veut point que le séjour d'Annibal à Capoue soit une faute ; mais toute l'antiquité dépose contre lui : la prudence ou l'imprudence d'une opération militaire dépend de tant de petites circonstances physiques & morales, que les seuls contemporains peuvent connoître & apprécier, qu'il me paroît extrêmement imprudent de les contredire à une distance de près de deux mille ans ; & ce seul mot de *Barca*, contemporain & témoin : *Annibal tu sais vaincre, mais tu ne sais pas user de ta victoire*, a plus de poids que l'opinion contraire de Turenne & de Condé mêmes à 20 siecles d'Annibal & de la bataille de Cannes.

Cependant, M. le Président, voilà la seule question vraiment utile : quel est pour chaque Gouvernement, le principe le plus propre à sa conservation ? Est-ce la vertu, l'honneur ou la crainte ? Me permettrez-vous de le dire ? Aucune de ces passions en particulier, & toutes en même-temps.

Jamais on ne fera subsister long-temps un Gouvernement humain par le seul principe de la vertu, s'il n'est tempéré, ou soutenu par l'honneur ou le desir de l'estime ; & ces deux principes même ne suffiront pas, si vous ne frappez une foule d'hommes par la crainte des châtimens.

Plus on réfléchit sur ce sujet, plus on se convainc que le principe propre à chaque Gouvernement, ne résulte que de la juste combinaison de ces diverses passions. Toutes sont dans tous ; mais chacune doit avoir dans chaque Gouvernement une étendue & une force qu'elle n'aura point dans les autres. Quel homme, aurois-je ajouté du fond du cœur, étoit plus capable que Montesquieu, d'assigner les loix de ces diverses combinaisons.

Si l'on vouloit appliquer ces idées à la Monarchie, il me semble, M. le Président;..... mais j'ai honte de faire taire Montesquieu, même en imagination, pour parler si long-temps moi-même; je laisse ce rôle qui deviendroit ridicule; & voici ce que je dis tout simplement à moi tout seul, ou à mon Lecteur, s'il a la patience de lire ceci.

En appliquant les idées précédentes à la Monarchie, on peut considérer le principe de ce Gouvernement : 1°. dans le Monarque; 2°. dans les Grands; 3°. dans le peuple. Le vrai principe de la Monarchie, considéré dans le Monarque, c'est la *vertu politique*, c'est-à-dire, l'amour même de la Monarchie & des loix qui la constituent,

L'honneur n'eſt point un frein ſuffiſant pour un Prince tout-puiſſant. Preſſez le ſens de ce mot ; vous trouverez toujours au fond *la crainte de l'opinion publique :* or l'opinion publique n'atteint pas le Monarque, ou du moins ſes atteintes ne ſont jamais aſſez ſenſibles pour lui. Un Roi croit, & non ſans raiſon, diriger lui-même l'opinion : maître des honneurs, il croit faire ou défaire l'honneur à ſon gré : ſi donc le Monarque eſt ſans vertu politique s'il n'aime point les loix, rien ne peut le retenir ; il les attaque. Le Prince court au deſpotiſme & le Gouvernement à ſa ruine.

Où ſeroit réduite auſſi une Monarchie, dont les Grands n'auroient pas au moins quelque amour pour la patrie ? Ils n'aimeroient donc point les prérogatives dont ils jouiſſent, ni les loix qui les en font jouir, ni leurs propriétés territoriales, ni le peuple, qui par cent rapports de ſubordination contribue tant à leur grandeur ! Qu'aimeroient - ils donc à la place de tous ces avantages, & quels sentimens annonceroit une telle dépravation ?

Elle annonceroit que les Grands, corrompus par l'excès du luxe, n'estiment plus que les richesses : elle annonceroit que les richesses ne consistent plus pour eux dans la possession des terres, mais dans les dons du Prince, dont ils pillent le trésor : elle annonceroit qu'ils ne voient plus la considération que dans la faveur, & dans l'opulence qui en est le fruit, & que tout véritable honneur a disparu : cette dépravation annonceroit enfin que les Grands, destinés dans la Monarchie à conserver les loix pour le bien qu'elles leur font, sont prêts à les sacrifier au premier Monarque qui voudra les anéantir. La décadence d'un tel Empire n'est pas éloignée, ou plutôt elle est commencée : l'amour de la patrie, chez les Grands d'une Monarchie, est un principe nécessaire pour sa conservation.

Gardons-nous sur ce point de croire Montesquieu. Quand il a voulu parler d'une Monarchie qui se conserve, il a peint une Monarchie qui tombe.

Dans le peuple, le principe d'action ou de conservation pour ce gouvernement, est un mélange de vertu, d'honneur & de crainte.

Le peuple, dans une Monarchie, peut avoir de la vertu, parce qu'il peut aimer des loix très-anciennes qui passent pour être l'ouvrage libre de ses peres : le peuple peut aimer les loix plus nouvelles de ses Rois, pour peu qu'elles soient équitables. Il n'en est pas du peuple d'une Monarchie, comme des plébéiens dans l'Aristocratie ; dans la Monarchie, le peuple est à l'égard de son Souverain dans cette distance qui inspire le respect & écarte l'envie : au lieu que dans l'Aristocratie, les plébéiens sont à l'égard de leur Souverain dans cette diſtance qui diminue le reſpect & rapproche de l'envie & de la haine : j'oſe conclure que la vertu politique eſt bien moins étrangere qu'on ne penſe au peuple d'une Monarchie.

L'honneur peut s'y mêler à la vertu, parce que dans une bonne Monarchie nul n'eſt poſitivement exclus de s'élever ; on a toujours des ſupérieurs, mais on a toujours au moins l'eſpérance d'en faire des égaux.

Enfin, la crainte eſt le motif qui retient ordinairement une populace groſſiere qui ne ſent que ſes beſoins journaliers, & n'a jamais aſſez réfléchi pour connoître la vertu ni l'honneur.

En tout Gouvernement, on trouvera toujours plus ou moins, deux eſpeces d'hommes qui ne peuvent être conduits que par la crainte. Les uns ſont ces ames dures, farouches, inacceſſibles à la pitié, à la bienvieillance,

ces

ces hommes en qui les humeurs tourmentées par des organes vigoureux, produisent une fureur stupide & une colere d'habitude ; l'autre espece est celle de ces hommes lâches & foibles, également insensibles à toute vertu & à toute estime, & propres à tous les crimes de la lâcheté, comme les premiers le sont aux crimes de la violence : or ces hommes, qu'on rencontre même dans la populace des républiques, ne peuvent être contenus que par la crainte des châtimens.

Toutes ces idées paroîtront peut-être dans cet ouvrage une digression mendiée ; il me semble pourtant que j'ai eu mes vues : mais finissons par une réflexion. L'amour de la simplicité a séduit souvent les hommes de génie : ceci ne seroit-il point arrivé à M. de Montesquieu ? Un principe unique pour chaque Gouvernement, est une idée simple & belle : mais n'en est-il pas de la *simplicité*, dans les choses de morale, comme de la *simplicité* de la nature dans les effets physiques : la nature n'est pas simple parce qu'elle n'emploie qu'une cause, mais parce qu'elle fait la plus juste combinaison de plusieurs causes diverses pour produire un tel effet. En un mot, *simplicité* n'est pas *unité*.

TEXTE.

Mais ces hommes sages, les Anacharsis, les Platon les Solon & tant d'autres, que penseroient-ils de notre législation en particulier ?

NOTE.

Sur le génie de certaines loix.

ON a calculé qu'un homme de moyenne stature porte, un jour dans l'autre, un poids d'environ trente & un mille trois cents soixante livres d'air bien reparties sur toute la surface de son corps. Voilà de quoi faire tremebler le plus rude crocheteur. Cependant si vous exceptez quelques milliers de femmes plongées & comme affaissées tout le jour dans un fauteuil, quelques milliers d'hommes qui font soutenir sans cesse par un carosse leur existence accablée, nul autre ne paroît sentir le poids de l'air : un danseur n'en fait pas moins l'entrechat & la gargouillade : un paysan, qui se baisse chaque minute plusieurs fois pour bêcher sa terre, souleve dans la journée plusieurs milliers de fois ses trente & une mille livres d'air, & revient le soir assez gai, s'il est sûr de trouver du pain en rentrant dans sa chaumiere : un physicien peut trouver cet effet admirable, mais un philosophe, je dis mal, un fier républicain..... point du tout, je me trompe encore, un Huron, un bon Iroquois s'étonneront bien davantage de la maniere leste dont nous supportons, tous tant que nous sommes, sans nous plaindre, sans paroître le sentir, un fardeau énorme de loix ; & ces loix n'ont point d'équilibre entre elles comme l'air ; & ces loix ne font point nécessaires à notre vie comme l'air : cet effet est vraiment étonnant. Dites tant que vous voudrez que je compare mal-à-propos un effet physique à un effet moral, je suis comme le Huron, & je m'étonnerai bien davantage de voir tant d'hommes qui obéissent péniblement à des milliers de loix, sans jamais demander seulement : *Qu'est-ce qu'une Loi*, que de voir ces mêmes hommes respirer l'air à leur aise, sans s'inquiéter de ce que l'air peut être.

Quoi qu'il en soit, le Huron m'éclaire, & je me fais cette question : Je suis portefaix comme les autres ; mais plus foible peut-être, je sens plus mon fardeau, & je m'arrête un moment pour me demander : Qu'est-ce donc que ces loix que je porte.

Après avoir fuffifamment rêvé ; voici d'abord de quoi, je conviens avec moi-même : dans toutes les fociétés imaginables, les hommes ont des intérêts particuliers par lefquels ils font oppofés entre eux ; mais ils ont des intérêts communs par lefquels ils peuvent s'unir. Or une bonne Loi eft l'expreffion de ces intérêts communs ; elle commande à tous ce qui importe à tous, ou du moins au plus grand nombre. Une mauvaife Loi n'eft au contraire que l'expreffion de quelques intérêts particuliers ; elle commande à tous ce qui importe feulement à quelques-uns.

D'après cette idée ; fi les autres & moi nous fupportons les loix pour notre bien commun, marchons gaiement, & béniffons le fardeau & la main qui nous l'impofa ; mais fi nous les portons pour le bien feulement de quelques petits Abbés, ou de quelques financiers ou de quelques femmes, en un mot, d'un petit nombre de gens qui, nonchalamnent affis, nous crient encore de leur fauteuil: *Allons, coquins, avancez donc, fommes nous là pour vous attendre ?* que devons nous faire ?..... Jetter le fardeau par terre,.... Gardons-nous en bien; c'eſt alors que nous ferions véritablement des coquins ; nous avons promis de le porter, portons le juſqu'au bout : mais il ne nous eſt pas défendu de dire honnêtement combien ce fardeau peſe & nous profite peu ; il eſt d'autant plus à propos de le dire, que tout ce qui peſe fur nous, peſe auſſi fur notre Roi ; rien de tout ce qui le foulageroit ne pourroit nous coûter : moi en particulier, qui que je fois, & je le dis de grand cœur, je voudrois porter le monde pour lui, duſſai-je y crever ; mais, pardieu, je ne voudrois pas porter d'ici là une once peſant pour un employé des Fermes, ou un gros prieur décimateur : l'un auroit beau me dire : c'eſt pour l'intérêt du Roi ; l'autre : c'eſt pour l'intérêt de Dieu, je ſuis trop convaincu qu'ils me trompent, ou qu'ils ſe trompent.

Voyons donc maintenant à qui nos loix font du bien : eſt-ce à tous ? eſt-ce à quelques-uns ?

Nos loix politiques.... Pour celles-ci n'y touchons pas & pour cauſe : la médecine a un mal qu'elle appelle *noli me tangere*, & la légiſlation auſſi : il y a même une grande différence à l'avantage de celle-ci : la raiſon ne peut exiger que la patience à ſupporter les maux que la médecine ne peut guérir ; mais la ſaine raiſon exige la fidélité à conſerver certains maux que la politique ne doit point attaquer.

En deux mots, lecteur, retenez bien ceci, quand on a un bon Roi, toutes les loix politiques ſont réellement bonnes ; & dans le cas contraire, il faut toujours agir comme si elles étoient excellentes.

Mais laissons ces loix si délicates au toucher, & du moins osons tâter les loix religieuses : il est évident qu'elles sont admirables & vraiment divines pour les gros bénéficiers, & quelques gens de cette robe ; mais il n'est pas moins évident qu'elles sont détestables & diaboliques pour tous ceux qui payent les dixmes à ces Messieurs, pour tous ceux qui payent les charges de l'état à la décharge de ces Messieurs ; car il s'en faut bien qu'ils ne soient suffisamment chargés: enfin, ces loix sont détestables pour l'état entier, qui a besoin qu'on lui fasse des enfans : attendu qu'il est rigoureusement démontré qu'un état ne peut long-temps subsister si *deux* en mourant n'en laissent *deux* autres de vivans à leur place ; attendu encore qu'il est à-peu-près démontré que *deux* doivent au moins en faire *cinq* pour en laisser à-peu-près deux autres.

Or, à ces Messieurs qui profitent des loix Ecclésiastiques, il est défendu de se mettre deux ensemble ; & s'ils y contreviennent, ils font si bien que c'est sans profit pour l'état : enfin, ces belles loix, dans ce qu'elles demandent & dans ce qu'elles défendent, se réduisent à nous empêcher de vivre & de survivre.

Calcul fait, il importe à dix ou douze mille personnes dans l'état, Archevêques, Evêques, Abbés Commandataires, riches Prieurs, Chanoines, &c. & consorts, que les loix Ecclésiastiques soient ; mais il importe bien davantage à dix-huit, ou dix-neuf millions (le Roi compris) qu'elles ne soient pas & n'eussent jamais été, telles du moins que nous avons eu & que nous avons encore la fatale obstination de les garder.

Les loix fiscales.... Oh ! pour celles-ci, la proportion saute aux yeux, &

nous ne rifquons pas d'être excommuniés pour l'avoir dit : nous en ferons quitte pour quelque faifie (ce qui eft l'excommunication fifcale :) difons donc à tout hafard , que s'il falloit d'un côté enfermer dans une feule & même maifon telle , par exemple , que l'Hôtel des Fermes , tous ceux à qui les loix fifcales font excellentes ou bonnes : & fi de l'autre, on exigeoit de raffembler dans une feule plaine tous les malheureux qui les déteftent ; la premiere condition ne m'embarrafferoit gueres ; mais la feconde me fembleroit impoffible : j'y renoncerois. Dans une feule plaine, bon Dieu ! renfermer tous les ennemis de nos loix fifcales telles qu'elles font ! quand nous le pourrions, gardons - nous en bien : les gens de la plaine n'auroient rien de plus preffé que d'aller brûler les gens de la maifon : & le Roi feroit encore celui qui gagneroit le plus à l'incendie. Oui : fi par une lettre circulaire ce Prince daignoit demander à tous ſes ſujets l'atteſtation de cette vérité, j'engagerois ma tête pour autant de ſignatures, qu'il y a en France de Négocians & de propriétaires ſenſés : je n'en excepterois pas mille, pas cent. Mais laiſſons cet article un moment : le cœur qui me bat, me dit que nous le reſaiſirons tout ſeul.

Que dire de nos loix civiles ?... Il faut dire, qu'à proprement parler, nous n'en avons point de loix civiles, ou du moins l'uſage en eſt ſi difficile, que l'exiſtence en eſt comme nulle. Nous ſavons qu'il y a une juſtice, comme nous ſavons qu'il y a une lune : cela ſe voit de loin ; on n'en approche pas : l'air eſt un milieu entre la lune & nous ; & les loix fiſcales ſont un milieu entre la juſtice & nous ? & quel milieu, quelle réſiſtance ! Je défie d'acquérir ou de conſerver ſolidement pour quatre ſols de propriété, ſans paſſer par les mains, ou plutôt par les verges d'une loi fifcale. Et puis les loix de la forme, qui étranglent leurs pauvres fœurs les loix fur le fond ; & puis les miniftres de ces loix de la forme.... Paffons, paffons, nous n'avons point de loix civiles.

Mais les loix criminelles.... Ne paffons point, & prenons garde à celles-ci : que MM. les Officiers du Contrôle faignent nos actes de propriété aux quatre veines : que MM. de la formalité tuent ces actes à coups d'épingle ; qu'enfin, pour parler net, tous ces gens-là nous prennent notre argent : cela eft dur : mais au moins que les loix criminelles fauvent nos perfonnes. C'eft tout ce que demande, en certain cas urgent, un pauvre voyageur : *Eh ! MM.* dit-il, *voilà ma bourfe, mais laiffez-moi la vie.* Voyons donc : que font nos loix criminelles ?

J'en fuis très-mortifié, d'abord pour mon propre compte, enfuite pour celui de mes chers compatriotes ; mais c'est une affreuse vérité que nos loix criminelles sont bonnes pour les accusateurs ou instigateurs ; excellentes pour les accusateurs riches & puissans, mais mauvaises pour les accusés, mais détestables pour les accusés pauvres & sans protection.

Ces loix sont telles, en un mot, que je suis très-résolu d'en faire imprimer un recueil complet, tout exprès pour le dédier aux accusés : & voici mon Epître dédicatoire.

Messieurs les Accusés,

« J'ai l'honneur de vous offrir le
» recueil de nos loix criminelles, pour
» vous apprendre une vérité qu'il est
» bon que vous sachiez : c'est, Mes-
» sieurs les accusés, *qu'une bonne fuite*
» *vaut mieux qu'une mauvaise attente* :
» sauve qui peut, & bon voyage : sur ce
» je prie Dieu, Messieurs les accusés,
» qu'il vous ait en sa sainte garde ».

Mais au moins ces loix compensentelles leurs injuſtices pour les pauvres accuſés, par quelque humanité pour les malheureux condamnés ? Voici leur humanité: depuis environ deux ou trois cents ans, nos loix criminelles emploient preſque par-tout trois genres de peine.

Le premier eſt la mort ; le ſecond eſt la mort; le troiſieme eſt la mort.

Le premier eſt la mort dans une corde ; le ſecond eſt la mort ſous une barre de fer ; le troiſieme eſt la mort ſur une pile de fagots.

Et quand nos loix ont la petite complaiſance de ne pas tuer, pour la premiere fois un accuſé, lequel eſt à coup ſûr un coquin paſſé, préſent ou futur ; elles ont du moins la prudence de le marquer afin de le reconnoître, & le tuer ſans faute à la ſeconde : enfin, je dirois à nos loix criminelles, (& très-criminelles en effet) ce que Mecene dit un jour à Auguſte qui venoit de condamner plusieurs accusés à la mort: *Siste carnifex*.

Dracon, comme on sait, donna aux Athéniens des loix de sang : le bourreau d'Athenes à cette époque s'appelloit *Brontés*, ou je suis fort trompé : un jour un citoyen dit au peuple assemblé sur la place d'Athenes : « Athéniens, apprenez-moi, de grace, » lequel vous estimez plus, ou *Dracon*, » qui a fait un bourreau de la loi, » ou *Brontés*, que la loi même a fait » bourreau. » Ce questionneur étoit un impertinent, mais la question n'étoit pas impertinente.

Or, maintenant, revenons sur nos pas, & si nous l'osons, évaluons dans nos loix criminelles la proportion de ceux qu'elles tranquillisent, avec ceux qu'elles doivent épouvanter. Cette proportion même m'épouvante. Ah, taisons-nous, & ne reveillons pas ceux qui ont le bonheur de dormir encore au branle de ces terribles loix ;

mais pourquoi ne jetterions-nous pas en paſſant un coup d'œil ſur les loix militaires ? Ces loix de la diſcipline par excellence, ces loix qui ſont placées au centre de la force, devroient être admirables : cependant examinons, & ne preſſons ni l'éloge ni la cenſure.

Avant de conſidérer ſi les loix des armées ſont bonnes, quelqu'indiſcret pourroit demander ſi une grande armée nous eſt bonne ; mais cette queſtion me paſſe, il s'agit ſeulement de ſavoir ſi les loix faites pour les armées ſont bonnes pour les armées ?

Officiers généraux (employés s'entend) Inſpecteurs, munitionnaires, vivandiers, vivandieres, directeurs d'Hôpitaux, Médecins, Chirurgiens, entrepreneurs de toute eſpece, ce n'eſt qu'un cri : loix admirables, chef-d'œuvre de ſageſſe !

Pour vous, Meſſieurs, à merveilles ; mais pour les ſoldats ? Tout le monde

monde convient que fur vingt foldats qui périffent en dix années, à peine en trouverez-vous un que l'ennemi ait tué : accordons en quatre autres pour le droit univerfel de la nature fur les pauvres mortels : c'eft beaucoup pour des jeunes gens robuftes, ou qui doivent l'être : reftent donc fur vingt foldats quinze de tués : par qui : fi ce n'eft ni par l'ennemi, ni par la nature ? A vous, Meffieurs les intéreffés aux loix militaires; ils font tués par vos loix, ou, ce qui revient au même, par les agens de ces loix.

De grace, foyez vrais, & ne vous fauvez point en criant à l'*exagération*. C'eft une retraite qui élude toutes les victoires de la vérité ; & je veux la fouiller en paffant. Cette petite digreffion de quatre lignes fera très-importante.

Quand un homme dit une vérité accablante, ceux qu'elle fait pâlir n'o-

M

fant ni tout accorder ni tout nier, prennent un milieu : ils fe mettent à crier de toute leur force *cela eft exagéré*; les hommes qui fe font arrêtés pour écouter cette difpute chemin faifant, n'ont pas du temps de refte pour la juger, d'ailleurs les trois quarts font très-pareffeux, & le refte eft peu judicieux. Auffi la regle ordinaire de leurs opinions eft ceci : *Tout ou rien*.

Lors donc que ces hommes entendent faire à une propofition le réproche d'*exagération*, au lieu de mefurer exactement, comme ils le devroient, jufqu'où cette propofition eft vraie, pour féparer cette partie de ce qui eft faux, à-peu-près comme dans un bon fruit on cerne la piquure d'un ver pour fe nourrir du refte, il leur eft infiniment plus commode de gober la propofition toute entiere, ou de la rejetter toute entiere avec dédain.

Auffi cette réplique, renfermée dans

ce cri unique *exagération*, cette réplique qui ne devroient tout au plus produire qu'une moindre condamnation, entraîne souvent l'abfolution complette de la part d'une bonne moitié de l'auditoire.

Ce mot *exagération* eft un nuage où le coupable s'enfonce : on ne va point mefurer s'il y eft enfoncé d'une lieue, d'une toife, d'un pied ou d'une ligne, on dit feulement, n'en parlons plus ; il eft caché.

Mais revenons : je vous demande fi c'eft une exagération de foutenir que tel munitionnaire, tel entrepreneur d'Hôpitaux, tel fermier de la fanté ou de la maladie des foldats, a été plus meurtrier pour eux qu'une batterie de canon dans le camp ennemi : eft-ce une exagération de dire, comme une vérité générale, que l'ennemi tue nos foldats, mais que nos abus les font mourir ?

A cela vous répondrez : n'accufez donc pas les loix, mais les abus.

Eh ! que m'importe à moi quand je souffre, ou que je meurs, que les loix me tourmentent ou me laissent tourmenter. *Les loix font tout le mal qu'elles n'empêchent pas:*

Qu'un chien me morde en passant : si cet animal n'appartient ni à un homme de vingt mille livres de rente, ni à un conseiller au Parlement, je pourrai demander à son maître, & peut être j'obtiendrai contre lui des dommages & intérêts ; & quand le commis d'une loi me ruine ou m'assassine, je n'aurai rien à demander, rien même à dire à la loi ! en ce cas c'est une chose bien étonnante qu'une loi, & c'en est une bien petite qu'un homme.

Voici une autre réplique que j'oubliois : *Vous qui parlez*, disent fiérement les *abuseurs* à quiconque ose plaindre les pauvres abusés, *vous qui parlez, êtes-vous du métier ?*

Non, non, & mille fois non, je ne suis pas de votre métier : graces au Ciel je ne suis d'aucun métier, & c'est pour cela que je puis dire la vérité. Si j'étois soldat, l'oserois-je ? si j'étois entrepreneur ou quelque chose de plus, le voudrois-je ?

Mais vraiment où est ma mémoire ? J'omets la plus irréplicable des répliques, une réplique *péremptoire* comme ils disent, elle n'a qu'un mot : *Ces abus sont de tous les temps* (ce qui est vrai) *& de tous les pays* (ce qui n'est pas vrai.)

Graces vous soient rendues au nom de tous les misérables pour cette consolation topique : ainsi dans la logique de la politique ! *Longueur d'abus fait droit*, & sans doute *longueur de mal fait santé !*

Dans notre calcul du bien & du mal, il faut donc passer sur les loix militaires en gémissant plus douloureusement encore que sur toutes les autres loix. Arrêtons-nous enfin à celles de notre police; elles forment, dit-on, la partie la plus brillante de notre législation; leur vigilante adresse est célebre dans l'Europe, & la police de Paris se fait souvent un jeu honorable de retrouver même une épingle dans un tas de fumier.

Aussi quand un fier Anglois, levant une tête altiere & des sourcils dédaigneux, s'enfle le poumon & les joues pour dire, *mon Gouvernement*, un bon françois lui répond avec une légéreté accablante, *& notre police*. Examinons, donc cette espece de loix : .... C'est fait, & j'ai feuilleté des volumes....Je ne m'y ferois pas attendu; faut-il le dire? nos loix de police ressemblent aux filets qu'elles entretiennent à St. Cloud. Admirables pour pêcher ceux qui se sont noyés, elles laissent se baigner & se noyer ceux qui ne savent pas nager.

J'ai commencé de parler, j'acheverai. Tout en parcourant ce vaste code de la police, je disois tout bas : loix de police, amours & délices des habitans de Paris, vous vous trompez, & vous nous trompez. Pourquoi vous amuser uniquement à poursuivre les fripons ? Vous voulez les couper en morceaux ! peine inutile, ne savez-vous pas qu'un fripon est un polype qui se régénere de la tête, de la queue, de toutes les parties, il se multiplie sous le couteau ; & c'est ce qui vous est arrivé, vous ne l'ignorez pas : loix de police nos amours, songez un peu moins aux fripons & beaucoup plus aux honnêtes gens : prenez-les pour vos espions, & vous ferez une bien bonne affaire ; car ils seront fideles, ne vous coûteront rien, & se multiplieront tous les jours davantage : au lieu de suer à la recherche de ceux qui volent, prenez quelque peine à déterrer ceux qui manquant de tout, auroient un besoin pressant de voler :

allez à la racine. Vous mettez tout votre honneur à découvrir quelques méchantes actions; mettez en au moins la moitié à découvrir les bonnes, à les expofer au grand jour, les offrir, pour ainfi dire, à la récompenfe; non pas de l'argent qui corrompt ce qui eft bon, mais de l'eftime, par qui le bon devient excellent. Loix de police, chef-d'œuvre qu'on admire, fouffrez ce mot: *La fineffe eft pour les fripons & la magnanimité pour les loix.*

Enfin, fans aucune exagération, quoi qu'on en dife, l'examen réfléchi de toutes nos loix arrache du fond de l'ame d'un homme un peu fenfible, comme un cri douloureux: *Que de maux & comment y remédier ?*

Il ne faut pas être injufte, & calomnier les enfans pour les fautes de leurs peres; ces maux ne font pas notre ouvrage, ils fe font propagés jufqu'à nous, comme la vérole a paffé

de nos grands peres à nos peres, qui nous l'ont tranfmife avec une fidélité admirable, à charge de rendre ce *fidéicommis* à nos enfans, ce que nous ferons, fi ce n'eft déjà chofe faite : nous fommes des *vérolés* en tout fens, rongés depuis trois cents ans jufqu'à la moëlle des os ; mais voici ce que depuis trois cents ans nous n'avons eu qu'aujourd'hui : un Roi jeune & dans l'âge des réfolutions vigoureufes, un Roi fenfible, compatiffant & jufte ; cela eft prouvé par cent traits connus, répétés & chéris de la France entiere : enfin, nous avons ce que jamais nous n'avions eu, de vraies lumieres fur toutes les efpeces de véroles, (phyfiques ou morales) or, dans cette fituation, ferions-nous traités de rebelles, & nous enverroit-on à la Baftille, fi nous difions avec refpect : « Sire, nous vous donnerions
» notre vie, nos peres ont bien fa-
» crifié la leur à quelques Rois qui

» ne vous valoient pas ; mais, Sire,
» de quoi vous servira la vie d'hom-
» mes foibles, languissans, minés &
» mourants lentement de toutes sor-
» tes de contagion : Votre Majesté
» n'aimeroit-elle pas mieux comman-
» der des hommes sains, gais & vi-
» goureux ? Si de mauvaises langues,
» des langues que l'Ecriture appelle
» (*lingua dolosa*) disent à Votre
» Majesté que notre bonne santé lui
» seroit dangereuse, & que la force
» pourroit nous rendre *trop drus*, Sire,
» nous attestons contre ces langues
» de vipere, toute l'histoire de vos
» ancêtres & de nos peres : elle vous
» jurera pour nous à chaque page l'a-
» mour & la fidélité ; elle vous ra-
» contera que nous n'avons jamais
» incommodé nos Rois que par les
» convulsions que nous donnoient nos
» maux mêmes ; ah, Sire, daignez
» nous en croire, ou plutôt croyez
» une expérience de plusieurs siecles :

» le François a le bonheur respectueux
» & gai : daignez, Sire, (& vous vous
» en féliciterez un jour) daignez ordon-
» ner à vos médecins de nous faire passer
» par les grands remedes & de nous
» guérir. »

Il me souvient que je tenois ce propos, & je faisois un jour cette fervente priere devant un homme qui a cinquante bonnes mille livres de rentes pour lui tout seul : savez-vous ce qu'il me répondit : il tira sa montre, & dit en reprenant mes paroles : passer par les grands remedes, bon Dieu ! y songez-vous. Il est cinq heures & demie & l'Opéra va commencer.

Alors je me dis en mon cœur : Messieurs les vérolés en tout sens, plaignez-vous de vous-mêmes autant que des autres, votre caractere a fait vos loix, & vos loix conservent votre caractere.

TEXTE.

Accommoder le bon procès & plaider le mauvais est devenu proverbe ; *on dit au Palais que* la forme emporte le fond, *comme on dit d'un homme qui tombe d'une fenêtre en-bas, que* le cul *(ce n'est pas moi qui parle c'est l'adage)* emporte la tête, &c. &c.

NOTE HASARDÉE.

Sur l'abréviation des procédures.

J'AI trouvé quelquefois dans la société des gens assez abandonnés de Dieu pour révoquer en doute (je ne dis pas l'incorruptibilité de MM. les Procureurs, la calomnie seroit trop forte) mais leur utilité, & voici comment ces enragés raisonnent ou déraisonnent.

Le jugement d'un procès, disent-ils,

se réduit à prononcer que telle loi générale convient à tel fait particulier.

Un procès qu'on appelle compliqué n'est tel que parce qu'il renferme réellement plusieurs procès, c'est-à-dire, plusieurs faits à comparer à plusieurs loix.

Or, cela posé, quelle est la meilleure méthode d'expédier un procès : la meilleure précisément pour expédier toutes les questions que peut faire l'esprit humain, si questionneur de sa nature. La méthode d'analyse, méthode qui paroissant la plus longue est pourtant la seule abrégée, la seule qui convienne à la foiblesse de l'esprit humain ; & par conséquent toujours la derniere dont il s'avise, parce que la derniere chose dont l'esprit humain s'avise c'est de sa foiblesse.

Mais quelle sera la méthode d'analyse pour un procès ; sa marche sera fort simple : le premier pas doit tendre à séparer dans un procès toutes les questions, ou pour mieux dire tous les procès particuliers qu'il renferme, à ranger ensuite ces questions dans leur ordre, pour les juger de même.

Ainsi, l'un des premiers actes de la procédure seroit que les parties, soit entre elles, soit par leurs gens d'affaire, fixassent avec précision les questions à faire décider. Ces questions seroient rédigées par écrit sous la forme simple & précise de question ; on diroit seulement ;

Entre tel...... & tel......

Il s'agit de juger si 1°. 2°. 3°. &c. Cet écrit signé par les parties seroit remis au Juge.

Dans le cas où les plaideurs ne conviendroient pas des questions à juger, chacune présenteroit sa note de questions, & les Magistrats jugeroient d'abord par leur comparaison de ce qu'ils doivent juger.

Ce premier point expédié, il faut passer à la solution de chaque question séparément, & cette solution n'exige que trois opérations dont chacune est fort simple, pourvu qu'on les sépare & qu'on ne les embarasse pas à dessein les unes dans les autres.

La premiere de ces opérations est de constater le fait; la seconde, de trouver une loi qui lui convienne; la troisieme, d'appliquer cette loi au fait comme on applique une mesure à la chose mesurée.

Le point de difficulté du jugement est tantôt dans le fait, tantôt dans la loi, quelquefois dans tous d'eux : quelquefois le fait est convenu & la contestation ne porte que sur la loi : d'autrefois, le fait est contesté & la loi convenue : enfin, pour l'ordinaire, fait & loi tout est en débat. Quoi qu'il en soit, la méthode consiste toujours à bien séparer chaque question de toute autre, & dans chaque question, le fait, la loi, & son application.

Pour cela les parties feroient un second acte de procédure conçue à peu près dans cette forme : *Entre A .... & B .... premiere question à juger si*, &c......

FAIT.

Le fait convenu est, &c. ou bien le point de fait contesté est si, &c.....

A.... prétend prouver par actes, ou par témoins contre B..... que, &c.

DROIT.

A.... prétend que le fait qui sera prouvé par lui doit être jugé par *telle loi*, &c.

B. remettra de son côté au rapporteur ou au Juge un écrit pareil, & c'est assez pour préparer d'avance le jugement dans son esprit.

Quand, selon la vigilance du Juge ou le cours des affaires, le moment de juger celle-ci sera venu, les parties feront seront juridiquement averties de se rendre à tel jour & telle heure à l'audience de Justice, avec les actes ou les témoins mentionnés. Il est inutile de dire que dans cette sommation juridique de comparoître, le Juge observera rigoureusement les délais accordés aux plaideurs par les loix.

A cette audience, s'agit-il de prouver un fait par acte ? le Juge en permet la lecture, mais dans la seule partie nécessaire à la preuve : d'ailleurs nulle explication, nul commentaire, il suffit que la seule force des termes de l'acte saisisse le Juge. S'il entend le François, s'il a du bon sens, de l'attention, de l'impartialité, (& toutes ces qualités sont présumées dans un Juge) il doit mieux comprendre le vrai sens d'un acte que l'Avocat prévenu qui le lit : toute explication est superfluité, piege, & presqu'insulte. On dit, comme une maxime, que *le mieux est l'ennemi du bien*, & l'on devroit avoir pour maxime au Palais, *que le plus grand ennemi de la clarté est le commentaire.*

S'agit-il de prouver un fait par témoins ? les Juges entendent chaque témoin ; après chaque dépofition, ils permettent fur le champ le reproches contre le témoin & les obfervations fur la dépofition.

Enfin, quand les preuves du fait font débattues dans une jufte mefure, les Juges ordonnent aux parties de citer les loix dont ils veulent s'autorifer ; mais toute explication fur la loi feroit encore plus interdite que pour les actes : il faut le redire fans ceffe, les commentaires, foit dans les livres, foit dans les écrits, foit dans les paroles des Avocats, font une efpece d'hydropifie pour nos loix ; elles expirent gonflées de paroles étrangeres.

Le fait débattu, les loix citées, c'est aux Juges à comparer le véritable fait à la loi qui lui convient. On recueille les opinions : le Préſident, autoriſé par les loix de diſcipline, ne ſouffriroit pas plus de commentaire & de verbiage dans la bouche des Juges que dans celle des Avocats. On pourroit même établir une eſpece de formule ou de méthode invariable, que chaque Juge ſuivroit en donnant ſon opinion.

Il pourroit dire : *Selon mon opinion le fait réel eſt celui que* A... *a ſoutenu. La loi par laquelle ce fait doit être jugé eſt... Je penſe donc que* B... *doit être condamné à* , &c.

Les opinions ainſi recueillies, le jugement ſeroit formé & prononcé ſur la queſtion ; & ſi dans le procès il y en avoit pluſieurs, on paſſeroit avec la même méthode au jugement de la ſeconde.

Cette méthode, à la vérité, ſuppoſe à la place de nos longs diſcours tout d'une haleine, une liberté de dialogue entre les Juges & les Avocats, ſans laquelle on ne s'entend jamais qu'incomplétement. La vanité des bienséances, les mécomptes des opinions sur les rangs, sur-tout l'intérêt, l'ardeur naturelle, mille choses plus sensibles en France qu'ailleurs, rendront peut-être cette liberté quelque temps pénible: c'est assez le propre de toute liberté d'être bonne & coûteuse ; mais il ne seroit pas bien difficile de l'assujettir à une loi sage, & qui pourroit même, si elle étoit maniée par une heureuse main, offrir aux citoyens dans leurs disputes ordinaires, un modele de politesse & de bienséance conciliées avec le droit naturel de manifester ce qu'on pense.

La forme des arrêts seroit asservie à la même méthode. Tout jugement, ou tout arrêt auroit quatre parties : la premiere, énonceroit les plaideurs & leurs qualités.

La seconde, exprimeroit en termes précis la question ou les questions à juger.

La troisieme énonceroit la loi, l'ordonnance, l'édit qui s'applique à la question.

La quatrieme renfermeroit le jugement.

I$^{ere.}$ partie.   Entre tel & tel.
II$^{de.}$ partie.   Il s'agit de décider si
III$^{me.}$ partie.   La loi qui décide est
IV$^{me.}$ partie.   Nous jugeons que

Sur cette forme de jugement, en comparant nettement le fait & la loi & tous les deux au jugement, il n'est point de Magistrat, de plaideur, de citoyen qui ne sentît la justice ou l'iniquité du jugement ; cette forme d'arrêts familiariseroit les citoyens avec leurs loix, & ils les apprendroient selon la véritable méthode qui consiste à bien diviser toutes les parties, pour en faire ensuite un rapprochement plus juste dans l'application d'une loi générale à un cas particulier.

Enfin, le plus précieux avantage de cette forme d'arrêts, seroit de rendre les Magistrats infiniment plus attentifs pour des jugemens ; qui auroient eux-mêmes tant de juges. Je ne parle point des révifions, des caffations & de toutes ces excroiffances de procès, coupées dans leur racine par une méthode fage, mais vive & tranchante.

Voilà ce que difoient ces détracteurs de nos magnifiques formes : & voici, ce qu'il faut honnêtement leur répondre à notre tour. Rêveries, impoffibilités, abfurdités : Eh ! que deviendroient la grande éloquence du Barreau, la majefté du premier Sénat de la nation, le délaffement & l'inftruction de cette nation par le plus noble des fpectacles ?

Mais, pour fermer à jamais la bouche de ces faux raifonneurs, rappellons à leur mémoire ces temps où des Princes, des Rois, des Empereurs accouroient dans ce Sénat entendre avec raviffement des plaidoieries, non pas telles que les plaidoieries de *Co-*

chin, ou de *Target*, ou de *Gerbier*, ou de *Linguet* lui-même, mais des plaidoieries où, par un accord admirable, tous les dieux de l'Olympe, pele mêle avec les peres de l'Eglise, venoient payer en grec & en latin leur tribut à des Magistrats, qui entendoient le grec & le latin.

Accablons sur-tout ces détracteurs par le mot si connu de notre Henri IV, qui s'écria dans son extase, après avoir entendu deux Avocats: *Ventre-saint-gris ! ils ont tous deux raison*.

Cependant je ne puis le dissimuler : j'ai entendu, qui le croiroit ! oui, j'ai entendu de mes deux oreilles un vétilleur, & sans doute un mauvais françois, argumenter de ce mot contre nos loix & notre Barreau mêmes, & je vais, pour rire, raconter son raisonnement. Le mot d'Henri IV, disoit-il, n'est, à proprement parler, qu'un grand soufflet, appliqué par un très-grand Roi, à nos Avocats ou bien à nos loix ; il faut opter.

Si dans la question débattue devant Henri IV, il y avoit une bonne loi, bien précise & bien claire, alors son mot est un soufflet à deux joues : premier soufflet sur la joue de l'Avocat qui avoit été assez mal habile pour ne pas démontrer son bon droit, second soufflet sur la joue de l'autre Avocat assez adroit, & sur-tout assez malhonnête pour pallier son injustice.

Si au contraire dans le fait en question les loix étoient ambigues & confuses, dans ce cas le mot du bon Henri n'est plus qu'un rude soufflet tombant à plomb sur les loix, pour avoir fourni des armes égales au juste & à l'injuste.

Je n'irai point assurément perdre mon temps à réfuter ces pitoyables subtilités : le mot d'Henri IV, en dépit des jaloux de notre Barreau, n'en sera pas moins regardé comme un cri d'admiration pour le talent de nos

Avocats & la grande utilité de nos longues audiences.

Je veux pourtant faire sur ceci une comparaison frappante : quel est l'art de nos philosophes, même les plus grands, de montrer, non pas où est la vérité, mais que la vérité n'est presque nulle part ? Art stérile & désolant, capable de pousser un homme un peu vif & curieux à se casser la tête de désespoir contre un livre de philosophie, comme certains oiseaux se cassent la tête contre les barreaux de leur cage. Quelle supériorité dans l'art des Avocats ! Cet art vraiment enchanteur ne consiste au contraire qu'à montrer la vérité par-tout, & sur-tout là où elle n'est pas : de droit, de gauche, du haut, du bas, la vérité est un vent doux qui souffle à la fois de toutes les parties de l'horison où se trouve la bouche d'un Avocat. Hommes ! pour qui les illusions aimables valent mille fois mieux que la triste réalité, aimez cet art, eſtimez cet art, & ne ſouffrez ni qu'on l'oublie, ni qu'on l'altere ; conſervez-le tel qu'il eſt comme le feu ſacré : c'eſt-là que vous viendrez prendre des lumieres, lorſque craignant de voir les choſes telles qu'elles ſont, vous ſerez avide du plaiſir ſi doux de les comtempler telles que vous voudriez qu'elles fuſſent.

TEXTE.

J'ai conſulté ſur ce point, avec toute la bonne foi dont je ſuis capable, des hommes d'âge & d'expérience, & tous m'ont avoué tête à tête, à condition que je ne les citerois pas, que l'uſage de nos loix leur en découvroient tous les jours davantage les défauts.

NOTE

Sur quelques petites difficultés dans l'étude & l'uſage de nos loix.

JE n'ai pas une grande expérience ; mais je ſuis un vieux bon homme &

quand on tient les yeux ouverts toute sa vie, & qu'on regarde seulement autour de soi, il est difficile de ne pas ramasser par-ci par-là quelques bribes de jugemens.

Je me souviens donc ; mais c'est du plus loin, d'avoir vu dans ma premiere jeunesse quelques Magistrats, jeunes aussi, se livrer avec ardeur à l'étude de nos loix : ils s'étoient formé (comme de raison) le plan de tout savoir. Droit public, droit civil, droit ecclésiastique, science des Arrêts, science des formalités, chaque chose auroit son ordre, & devoit se ranger dans leur tête en son temps & à sa place : je les ai vu, dis-je, & je m'en rappelle comme si j'y étois, commencer cette belle entreprise ; mais j'ai beau fouiller dans ma mémoire, je ne puis me souvenir d'aucun de ces Messieurs qui l'ait heureusement conduite à sa fin : je me souviens au contraire que tous se dégoûtoient ; & ce qui est bien singulier, les meilleurs esprits étoient les premiers dégoûtés : si quelques-uns, approfondissoient quelque partie seulement de ce grand cahos, qu'il nous plaît d'appeller *Science des loix*, ils y réussissoient par un tour d'esprit particulier, & souvent par un vice même de leur esprit. Les hommes minucieux & faussement subtils, se laissoient assez facilement pénétrer de toutes les petites épines de la formalité : la nature sembloit avoir fait leur tête à-peu-près comme une *pelotte* à nicher des épingles. D'autres, avec des cervelles à cellules & sans ressort, y recevoient des loix comme une molle éponge reçoit l'eau, & ils les rendoient de même. S'agissoit il de juger ? ils n'appliquoient pas les loix, ils serroient l'éponge, & des loix dégouttoient. D'autres enfin, curieux de recherches historiques, plus propres à entasser qu'à trier, portoient sous le nom de droit public, le faix confus de notre histoire avec la morgue de cet esclave noir dont parle Horace, qui portoit une bouteille comme une prêtresse eût porté les vases sacrés de Cerès. (1)

Mais un homme qui se fît de notre législation un système bien ordonné, avec ses racines, son tronc, ses maîtresses branches, ses branches particulieres, ses fruits, je ne l'ai point vu, & voici pourquoi : c'est que la chose est impossible : plus on a de méthode dans l'esprit, & plus on est révolté de l'inextricable confusion de nos loix : plus on a de sens, & plus on est choqué de leurs contradictions, de leur subtilité, de leur verbiage, & souvent même, tranchons le terme, de leur mauvaise foi : en un mot, de ce qu'elles disent & de ce qu'elles ne disent pas. Au lieu de trouver un ordre &

___

(1) . . . . Ut Attica Virgo
Cum sacris Cereris, procedit Fuscus Hidaspes.
Cecuba vina ferens. . . . .

comme une *économie* de loix, on ne trouve que des loix se combattant entre elles par leur rang, leurs limites, & leur sens : loix latines, contre ordonnances Françoises, ordonnances anciennes contre édits nouveaux, édits contre déclarations ; tous ensemble contre la Jurisprudence, & la Jurisprudence seule contre tous. C'est une anarchie à déconcerter la meilleure tête.

Les loix de la formalité imposent impérieusement silence aux loix sur le fond : celles-ci crient à l'injustice, & non sans raison : point de regle générale pour concilier la forme & le fond sans écraser l'équité.

Les loix nouvelles s'élevent contre les loix anciennes sous prétexte de désuétude ; celles-ci, pour être anciennes, ne s'en croient que plus vénérables : la raison est pour elles ; l'usage est contre : point de regle générale de décision ; & dans le pays de nos loix, on peut dire qu'*on ne sait qui vit ni qui meurt.*

Une loi allegue une disposition comme étant de *rigueur*; une autre loi lui donne un démenti, soutient qu'elle n'est que *comminatoire* & que c'est elle qu'on doit observer à la lettre : comment décider ? Point de regle générale pour déterminer ce qui est *comminatoire* ou de *rigueur* : enfin, (noblesse de style à part) si vous êtes curieux de voir *la Cour du Roi Pétaud*, faites-vous donner une compilation de nos loix :

Or, je soutiens qu'il est impossible d'accorder raisonnablement, dans une seule tête, toutes les différentes especes de loix qu'un honnête Conseiller au Parlement jure à Dieu, au Roi, au public, à lui-même de ne point ignorer.

Mais je vais plus loin ; je regarde comme infiniment difficile de bien savoir même une seule espece de loix :

quand je dis favoir, je parle toujours du favoir de jugement & non du favoir de mémoire : je demande, avec l'ami Montagne, un homme *fachant bien*, & non *fachant beaucoup*.

Prenons pour exemple nos loix politiques : je ne démentirai point ici ce que j'ai dit plus haut, que les loix politiques étoient le *noli me tangere* de la législation : cela eft vrai quand on veut en toucher le fond ; cela eft vrai quand on ofe les toucher pour en altérer la nature ; mais moi je n'en veux confidérer qu'un moment les dehors ; il ne s'agit point d'examiner fi ces loix font bonnes ou mauvaifes pour tel peuple ; mais feulement jufques à quel point il eft difficile à tout Jurifconfulte de les bien apprendre telles qu'elles font. Ainfi point de chicane fur cet article délicat, & je protefte au pied du trône contre toute interprétation abufive.

Après avoir bien fermé cette porte

à

à la calomnie, je suppose un homme, lequel ne seroit ni *Cujas*, ni *Dumoulin*, ni l'un de ces savans infatigables, tels qu'on n'en voit plus gueres aujourd'hui, étudiant sans relâche, & vivant toute une semaine d'un *in-folio*, & d'une pinte d'encre ; je suppose un homme qui mêle sagement l'étude aux distractions, vaquant modérément aux affaires & aux plaisirs de ce bas monde, d'une mémoire d'ailleurs & d'une pénétration ordinaires : Eh bien, je pose en fait qui si cet homme concevoit le projet d'approfondir seulement la partie de nos loix politiques, il consumeroit ses plus belles années à ce grand ouvrage ; & le dernier résultat qu'il tireroit en cheveux blancs seroit le doute & l'ignorance.

Quand je parle d'approfondir ; j'entends par-là, de n'abandonner aucune question sans la résoudre par une loi claire & bien reconnue ; ou par une suite de faits constans & uniformes formant un usage équivalent à une loi. (Si toutefois dans le Gouvernement civil ; l'usage peut jamais faire le juste équivalent d'une loi.)

Et qu'on ne prenne point ceci pour une exagération : depuis la loi salique jusques aux loix de l'institution du dernier Juge de village, il est peu de question qui n'oblige un Jurisconsulte à remuer de fond en comble toute l'histoire de France. Eh ! quelle histoire bon Dieu ! M. d'Alembert a dit quelque part que *le peuple le plus heureux est celui dont l'histoire est la plus ennuyeuse* : en ce cas nous crevons de bonheur, car notre histoire a de quoi faire crever d'ennui : on liroit vingt fois Plutarque contre un tome de l'histoire de France. Mais passons par-dessus l'ennui, (quoique dans la vie humaine ce ne soit point une bagatelle) cette loi salique par exemple qui est le premier bout de l'écheveau, ne laissera pas d'occuper fort ennuyeusement assez long-temps ; & de bonne foi, je doute que mon homme, s'il est un peu difficile, s'en tire avec une curiosité bien nette ; si delà il va, comme l'ordre l'exige, aux minorités, aux régences, aux tutelles des Rois ; le pauvre curieux ne sera pas sans embarras. Mais je l'attends à la grande question si long-temps débattue & non encore terminée, sur ce qui forme une loi en France, sur la juste dose des ingrédiens qui doivent y entrer ; enfin, pour parler net, sur les limites précises de l'autorité du Roi, & des droits des Parlemens : ceci ne sera pas si-tôt expédié ; il faudra, dans le cahos de notre histoire générale, démêler le cahos de l'histoire particuliere des Parlemens de France, & suivre dans toutes ses métamorphoses une assemblée qui commence par des Souverains, & va se terminer insensiblement à des hommes du tiers état, Conseillers du Roi, moyennant cinquante ou cent mille francs donnés à d'autres qu'au Roi. Que de faits contraires à séparer, à comparer ! & la clôture de cette pénible comparaison que fera-t-elle ? Ce grand mot, cette question des questions : *Que fais-je* ?

Si des loix de la puissance *législative* l'apprentif Jurisconsulte veut passer à l'examen des loix de la puissance *exécutrice*, qu'il s'arme de patience, son travail n'est qu'ébauché : pour remplir son projet, il voudra sans doute considérer séparément & par ordre les différens corps à qui le Monarque a confié quelque portion de sa puissance : il voudra suivre leur histoire, examiner leur organisation actuelle, déterminer avec précision ce qu'elle a de connu, & ce qu'elle a de contesté. Il s'attachera d'abord à étudier les rapports mutuels des membres de chaque corps ; rapports d'où résultent les loix entre les supérieurs & les inférieurs ; & il verra que tous ces rapports sont en litige.

Enſuite il obſervera les rapports de chacun de ces corps avec les autres corps ; & il les trouvera tous en guerre ouverte depuis leur inſtitution juſqu'à ce jour.

Enfin, il lui paroîtra indiſpenſable d'apprendre les rapports que ces corps ont avec les citoyens ; rapports qui conſtituent les loix de juriſdiction ou de privilege ; & l'infortuné curieux appercevra, à ſon grand étonnement, le citoyen tiraillé par tous ces corps à la fois, flottant au milieu d'eux, ne décidant ſouvent ſon choix que par le caprice ou l'intérêt ; & ce qui l'indignera, trouvant toujours au beſoin une loi & cent Arrêts pour juſtifier tous les partis : enfin, une confuſion, une anarchie dont il n'y eut, je crois, jamais d'exemple dans aucun pays ni dans aucun temps.

Je ſuppoſe que mon étudiant adopte pourtant cette grande diviſion qui ſépare, tant bien que mal, les objets : Savoir, tout le politique au Conseil, tout le civil aux Parlemens, tout l'économique aux Cours des Aides & Chambres des Comptes. A partir delà, la premiere question est celle-ci : *Qu'est-ce que le Conseil du Roi ?* Question brieve & simple, & dont la réponse est si étendue & si compliquée, que j'oserois gager qu'on ne trouvera pas quatre hommes dans chaque Parlement, Avocats & Magistrats compris, capables de la résoudre complétement.

C'est qu'ils n'en ont pas besoin, dira-t-on : ceci est une autre affaire ; il seroit facile de démontrer parfaitement le contraire.

Cependant cette question : *Qu'est-ce que le Conseil du Roi ?* devroit être telle, je le dis hardiment, que tout sujet un peu instruit dans une Monarchie, fût en état d'y répondre sans embarras & sans erreur.

Maintenant faisons demander par le

désespéré curieux, *Qu'est-ce qu'un Parlement* avec toutes ses attenances & son atmosphere, si je puis ainsi dire ? Oui, un Parlement avec sa Grand'-Chambre, ses Enquêtes, Requêtes, Tournelles, Gens du Roi, & tout cela suivi de l'attirail énorme des tribunaux subalternes ; Présidiaux souverains & non souverains, Bailliages, justices Royales, justices Seigneuriales, Juges de Police, Juges & Consuls, Juges des eaux & forêts, Officiers de robe longue, Officiers de robe courte, Avocats sans office, Procureurs avec office, Greffiers, Notaires, Huissiers : Sergens ; l'origine, les droits reconnus, les droits prétendus, de tous ces gens-là, &c. je perds haleine. Quelle involution épouvantable de questions, dans cette question : *Qu'est-ce qu'un Parlement avec ses circonstances & dépendances* ? Et cependant cette question se réduit à celle-ci : *Comment peut-on en France conserver sa fortune, son honneur & sa vie ?* Et nous sommes tous forcés de répondre: « nous l'ignorons: allons trouver un Procureur qui peut-être n'en sait rien lui-même, & nous ruinera à bon escient tout en faisant semblant de nous l'apprendre & de nous défendre. »

Et quel est donc cet homme indispensable dans la nature ? Qu'est-ce donc qu'un *Procureur* ? Mes chers compatriotes, Dieu le sait; mais, croyez-moi, notre jeune Roi ne le sait pas : en voici la preuve. Le Roi entretient des hôpitaux contre tous les maux de l'espece humaine : le Roi paye dans les ports de mer des Officiers pour écarter la peste : non, François, non, le Roi ignore ce qu'est un Procureur en France.

Hommes honnêtes, qui vous trouvez confondus dans cette profession de rapine légale, convenez-en avec moi, & vous n'en serez que plus honorés; convenez que le Monarque ignore ce que fait un Procureur à des hommes dont la fortune fait la sienne, & dont le bonheur fait sa gloire.

Hommes de bien, au nom du ciel, n'abandonnez pas votre poste : restez parmi ces incendiaires de nos cités & de nos champs, restez pour leur causer au moins quelque tourment par votre exemple, & consommer leur déshonneur par notre estime pour votre probité.

Je me suis écarté, pardon lecteur ; mais si jamais vous avez plaidé, je suis tout excusé : revenons, je ne conduirai pas plus loin mon candidat en loix politiques : par-tout il trouveroit les mêmes difficultés avec la même confusion : par-tout il pourroit écrire en sortant : *Ici est le cahos*, & par-tout le cahos est à la fois opprobre & malheur ; opprobre pour les loix, & malheur pour les citoyens ; quel Dieu ou quel homme inspiré de lui dira. *Que la lumiere se fasse* ? Je l'ignore ; mais ce que je sais, c'est qu'en attendant cet homme (lequel n'arrive point) les Magistrats qui estiment le moins les loix, sont obligés de s'en servir telles qu'elles sont : mais comment les emploient-ils ? C'est une chose bonne à observer, & ceci doit être regardé comme un avertissement public aux hommes tentés par le démon des procès. La plupart des Magistrats, les uns par dégoût, les autres par paresse, en agissent pour les loix à peu près comme pour leurs alimens, leurs vêtemens & les choses les plus nécessaires de la vie : au lieu d'en faire de grosses provisions chez eux, ils se contentent de connoître les magasins où tout cela se trouve au besoin : or, il y a deux sortes de magasins de loix : les uns sont les livres, les autres sont les Avocats : les premiers sont bien inutiles, & les seconds bien dangereux pour les Magistrats.

Une remarque vraie à l'égard des livres de Droit, est que le meilleur ouvrage sur ces matieres est totalement perdu pour les Magistrats, s'il est seulement dépourvu d'une ample & bonne table : car de faire lire un gros livre de Droit à un Juge, ou paresseux, ou dégoûté, ou détrompé, il ne faut pas l'espérer, vous lui feriez plutôt traverser les sables d'un désert de l'Arabie-Pétrée ; tout ce qu'il peut faire à l'acquit de sa conscience, est de se laisser conduire en réchignant par le fil d'une table sur une seule page, d'y butiner à la hâte quelque phrase, & de s'esquiver au plutôt : ainsi ces grands magasins de loix, purs ornemens de bibliotheques, rarement ouverts, fréquentés en courant, sont assez complétement inutiles : j'en suis fâché pour les auteurs de glose & de commentaire sur les loix ; mais leur regne n'est plus gueres de ce monde : au reste, ils peuvent s'en consoler avec les Métaphysiciens dont le regne eſt auſſi paſſé, & les Géometres même, dont le regne, quoique très-différent, n'en commence pas moins à paſſer.

Quant aux magaſins de MM. les Avocats, c'eſt-là qu'eſt la foule, & les Magiſtrats s'y rendent à la ſourdine ſur les pas des cliens : mais ſans prétendre offenſer perſonne, qu'il eſt difficile & dangereux de s'y pourvoir ! Lorſqu'un livre vous trompe ; hélas ! c'eſt que pour l'ordinaire le pauvre homme d'auteur s'eſt le premier trompé : mais un Avocat ne vous trompe jamais mieux que lorſqu'il veut bien vous tromper ; diſcerner avec ſagacité la foibleſſe de ſa cauſe, eſt peut-être le plus ſûr moyen de la défendre avec art & ſuccès.

Il y a une autre fatalité : il eſt d'expérience dans les différends des hommes, & ſur-tout dans les procès, que le plus fort à tort. M. de Vendôme diſoit, en parlant des querelles entre les mulets & les muletiers, qu'il avoit observé constamment que le mulet avoit presque toujours la raison de son côté : il en est ainsi des procès entre deux hommes de condition inégale ; on peut à l'aveugle parier pour le bon droit de la bête de somme, c'est-à-dire, du plus foible. Or, dans ce monde, le plus fort & le plus riche c'est tout un : en cette qualité, il prend ses avances & ses avantages : d'abord il se saisit des principales avenues dont il bouche facilement l'entrée à sa partie, en y clouant par des consultations l'opinion des meilleurs Avocats : ensuite, faisant armer pour lui le plus redoutable chevalier du barreau, il laisse à son pauvre ennemi le choix d'un défenseur parmi les jeunes *Bacheliers* : regle presque générale au barreau, la lute entre le *tort* & *la raison* n'est jamais égale qu'autant que les parties sont à peu près d'égale condition. De cela seul quels inconvéniens doivent suivre ! Quelle source d'erreurs pour les Magistrats ! Dans cette disposition des choses, que le plus riche, à qui toutes les bouches appartiennent, fasse encore solliciter, & pousse ses juges seulement du bout du doigt ; ne les fera-t-il pas infailliblement tomber dans sa cause ?

Mais quand les talens des Avocats se balanceroient, les Magistrats n'en seroient gueres moins embarrassés. Si le juste étoit ce qui *est utile à tous*, les bons esprits & les cœurs droits auroient un point à peu près fixe, une espece de signal de ralliement entre eux ; mais il est convenu que le juste est ce qui paroît conforme à la loi : or, est-il bien difficile à deux Avocats, de talens égaux, de trouver dans ce cahos de notre législation chacun une loi qui s'ajuste à son fait ; l'un remanie un peu la loi, l'étend ou la resserre ; l'autre retaille imperceptiblement son fait, & tant est procédé de part & d'autre, que le Magistrat finit par voir le même fait encadré fort juste en deux loix fort différentes : plus il ouvre les yeux, & plus, à son grand étonnement, il apperçoit *deux justices*.

Ceci me rappelle ce qu'on raconte au sujet du célebre *Pascal*. Un ignorant disputoit avec acharnement contre lui sur un point de mathématiques : un tiers qui les avoit écoutés dans un profond silence se leva tout-à-coup, & d'un grand sérieux dit : *Vous verrez qu'il y a deux mathématiques*. Ce mot est une assez bonne plaisanterie quand il s'agit de mathématiques ; mais c'est un mot trop vrai quand il est question de nos loix ; & le Magistrat, même judicieux, est souvent réduit à dire : Il y a donc *deux justices* ; ce qui veut dire ; il n'y en a point, & pour lors, c'est évidemment le cas de suivre la procédure du Juge *Brideoie* qui faisoit, selon Rabelais de si belles sentences à coup de dés. (1)

Je sais bien qu'à tout cela il est une réponse invincible, une réplique sans réplique, une réfutation qui n'a besoin que d'un cri & se passe de preuves ; j'en ai déjà parlé, & je le redis encore au risque de fatiguer : cette réponse admirable est toujours le grand mot *exagération*, joignez-lui un autre grand mot, celui de *déclamation*, faites-les tomber à plomb comme deux massues sur la tête d'un *raisonneur*, & tenez-le pour muet, si même il n'est écrasé..... Eh bien oui, je le suis : me voilà par terre ; mais souffrez que dans cette humble posture je profere quatre paroles encore : la moitié ne sera pas même de moi, permettez donc que je rappelle en finissant un mot célebre de l'Avocat Ciceron, il a dit qu'il ne concevoit pas comment deux

---

(1) Voyez le Chapitre 37. & suiv. du liv. 2me. de Pantagruel. On y trouvera la raison en masque comme dit Voltaire.

augures

augures pouvoient fe regarder en face fans éclater de rire ; & je dis comme lui (pardonnez) que je ne conçois pas davantage deux avocats, ou deux Magiſtrats François de bon fens, de bonne foi, & fûrs de leur difcrétion : (notez ceci) je ne conçois pas, dis-je, comment ces Meſſieurs, tête à tête, peuvent fe regarder entre les deux yeux fans pouffer de rire, ou gémir de compaſſion, car je leur laiſſe le choix.

J'ai dit, achevez moi, cenfeur ; frappez encore vos deux coups de maſſue : *Cet homme exagere, cet homme déclame.*

TEXTE.

Ces loix, qui seulement à brûler ce qu'elles ont fait pour les fermes générales, fourniroient de quoi chauffer le bain de plusieurs maîtresses de financiers.

NOTE.

Sur les Loix Fiscales.

JE suppose un instant qu'on ne m'a point tué pour ce que j'ai dit sur les loix en général : parlons un peu de nos loix fiscales en particulier..... Oh! pour celles-ci, ce sera grand hasard si j'échappe à leurs bons amis, car ces amis, s'il en faut croire d'honnêtes gens, sont dans le Royaume au nombre de dix à douze mille : & quels amis! quels hommes! tous comparables aux anciens Romains, qui trouvoient en eux-mêmes assez d'étoffe pour être à la fois Prêtres, Magistrats & soldats ou capitaines : ces intimes amis des loix fiscales font à la fois, pour la plupart, espions, soldats, sergens & jurisconsultes ; tous sont, je ne dis pas invulnérables, je ne dis pas intacts, il faut créer un terme exprès pour eux, tous sont *intangibles* : car les loix ont trois dispositions formelles à leur égard.

La premiere est un ordre menaçant à tout être sensible & insensible, (le reste est excepté) de se laisser toucher, palper & même serrer par ces chers amis tant qu'il leur plaît.

La seconde disposition est une défense, toujours avec menace, à tout être, également sensible ou insensible, de toucher, ni même d'effleurer ces hommes extraordinaires.

Enfin, la troisieme disposition légale, & qu'on pourroit appeller le symbole des fermes générales, est le *commandement de croire*, à peine d'hérésie & *châtimens y joints*, tout ce que ces amis des loix fiscales affirmeront, d'affirmer avec eux le noir, quand même vos yeux ont vu le blanc : d'affirmer le plein, quand vos mains même n'ont trouvé que le vide : des trois difpofitions, celle-ci eft inconteftablement la plus dure : auffi la Sorbonne (peut-être par jaloufie de privilege) n'a pu jufqu'à préfent fe réfoudre à ratifier ce nouvel article de foi.

Malgré ces forces inouies, tous ces amis ne laiffent pas encore d'être armés jufqu'aux dents : il y a de quoi faire trembler le plus intrépide quand on les confidere de près : ils ont des *inftrumens perçans*, tels que broches de fer pour éventrer les chofes, & des épées pour éventrer les hommes : des *inftrumens contundans*, tels que piftolets, fufils, pour caffer la tête ou telle autre partie felon leur goût : barres de fer, pour brifer les os des bras, des jambes & des cuiffes : des *inftrumens ferrans*, tels que chaînes de fer pour tenir en raifon les pieds &

les mains, collier de chanvre pour serrer le col à volonté : enfin, des *instrumens jugeans*, tels que Juges & Commissaires, payés exactement par quartier, pour certifier à l'univers la justice de tout ce que font ces amis. Que dis-je ? ils ont jusqu'à des instrumens *écrivans*, pour démontrer clairement au Roi, & au public que tout ce qu'ils en font n'est, à le bien prendre, que par humanité, par amitié pure pour le public & pour le Roi, & nullement pour leur argent, dont ils se soucient comme de cela.

Remarquez que dans l'énumération de ces armes offensives & défensives, je n'ai point mis en ligne de compte les saisies & simples procès-verbaux, qui ne vont qu'à saigner la bourse : ce sont bagatelles & petits coups d'épingles qui ne valent pas qu'on en parle.

Certes, ces amis des loix fiscales, qui ne sont, quoi qu'ils en disent, ni les nôtres, ni par conséquent ceux de notre Roi, ont de quoi se défendre & même se venger : n'importe, il faut en parler : je l'avoue ingénuement, je suis un peu de l'humeur du barbier du Roi Midas : il enrageoit d'aller raconter au monde les oreilles qu'il rasoit, & moi je ne saurois me tenir de raconter les mains qui nous écorchent: le barbier ne dit les longues oreilles qu'aux roseaux, & moi je ne dirai les mains écorchantes qu'à deux ou trois cents oreilles, où tout passe & rien ne reste ; elles laisseront évaporer en un jour mes paroles : disons toujours.

Nos loix fiscales forment un grand corps, ou plutôt un colosse de législation isolée & complette : ce grand corps est composé lui-même de plusieurs autres corps non moins complets. Tous ces corps sont quelquefois appellés du nom de *code* : ainsi, par exemple, les douanes ont leur code, les aides ont leur code, le tabac a son code, les gabelles ont leur code, le contrôle des actes a son code : enfin, par le moyen des loix fiscales, il est peu d'action ou de suites d'actions humaines, soit machinales, soit intellectuelles qui n'ait, outre les loix de la nature, un code fiscal tout particulier pour les diriger : le code de *l'aller & du venir* est celui des douanes : le code pour *le manger & le boire* est celui des aides : le code pour *moucher & éternuer* est celui du tabac : le code pour *saler son pot* est celui des gabelles : le code pour *penser tout haut* est celui du contrôle ; & du moment où nos physiciens auront achevé leurs belles expériences sur l'air, il ne faut pas douter que les métaphysiciens de l'hôtel des fermes ne proposent un code pour respirer, c'est à-peu-près le seul qui nous manque.

Mais qu'est-ce qu'un code en matiere fiscale ? C'est, en vérité, ce qu'il seroit difficile d'expliquer nettement par la chose même, elle est trop subtile :

parlons aux sens grossiers, & cherchons une comparaison.

Lecteur ; n'avez-vous jamais oui raconter un grand effet de nos hautes montagnes : il arrive souvent qu'une pierre grosse comme la tête se détachant de leur sommet, & roulant sur la neige l'amasse autour d'elle : à mesure qu'elle roule de nouvelles couches se forment ; enfin, elle acquiert un volume & un poids si prodigieux, qu'on a vu quelquefois ces *lavanges* engloutir des voyageurs, & même des cabanes avec leurs infortunés habitans.

Lecteur, voilà au juste l'image de la formation d'un code en matiere de finance : une loi tombe du haut du trône, & roulant de jour en mois & de mois en années, elle amasse sans cesse autour d'elle des Arrêts du Conseil, des Arrêts de Cours Souveraines, des décisions de toute espece, tant qu'à la fin elle prend un volume énorme,

& pour lors la voilà *code* comme la pierre est devenue *lavange*. Fuyez, citoyens, vous êtes perdus si le *code* vous atteint : on l'a vu engloutir des hommes, des chaumieres & des hameaux entiers.

Un peu de détail : l'art de mêler du sel aux alimens, soit des hommes, soit des animaux, étoit assurément un art fort simple ; l'antiquité ne s'étoit pas avisée d'y entendre finesse : mais nous ne sommes pas modernes pour rien : nous en savons plus que nos premiers peres : aussi avons-nous fait un code des *gabelles*. Depuis ce code, les animaux qui font l'aliment du riche & la ressource du pauvre, périssent en foule dans nos campagnes faute de sel : derniérement ce code engloutit, dit-on, au vu & au su de toute l'Europe, environ soixante & dix mille bœufs dans le pays des *Vascons*. Il n'y a point de métairie un peu considérable en France, où le code, en dix années, ne ravage l'étable toute entiere ; & ne détruise l'agriculture en l'arrachant jusques dans ses premieres racines. Mais qu'est-ce que cela ? ce ne sont que des bêtes : mourir par le *code* ou par le *boucher*, tel est leur sort ; mais les hommes ! un paysan même est pourtant quelque chose de plus qu'une bête à corne ; & ce paysan ne mange du sel (s'il en mange) qu'en tremblant & en pleurant : ce code a des prisons, des chaînes, des galeres, des gibets, des roues, à lui, à lui tout seul : de bonne foi, sans nous fâcher, sans trop crier, est-ce une bonne chose que ce code sur l'art de manger du sel. Mais j'exagere peut-être : lecteur, informez-vous.

Passons à un autre code. Il passe pour constant, & je me dispenserai d'en citer les preuves, que depuis *Noé* les hommes boivent du vin ; & jusqu'à ces temps modernes, il paroît que les hommes buvoient leur vin sans aucune difficulté : point de rats de cave, point de *trop bu* : le seul inconvénient du *trop bu* étoit l'ivresse & le mal de tête. On voit les héros d'Homere, tantôt boire leur vin tout pur &, comme on dit, boire sec : tantôt racler du fromage dans leur vin, sans que les commis des aides de ce temps paroissent avoir fait le moindre procès-verbal contre ce procédé : aussi ces héros s'enivroient-ils en héros, &, sauf respect, ne savoient souvent ce qu'ils disoient. Nous avons mis ordre à tous ces abus.... comment ? par un *code* sur la maniere de boire. Propriétaires, vignerons, arrachez vos vignes, fermez vos caves, & ouvrez bien les yeux ; vous allez voir, graces au code, un miracle d'un autre genre que celui des noces de Cana : c'est le vin changé en belle eau claire.

Mais vous croyez que j'exagere.... lecteur, informez-vous, & passons à un autre code.

La société des hommes ne subsiste

que par ces engagemens mutuels qu'ils forment entre eux ; & comme ils ont une foible mémoire & une courte exiſtence, ils ont été comme forcés d'écrire ce qu'ils ſe promettoient. Citoyens, hâtez-vous de mettre fin à tout cela : ſerrez vos écrits, cachez les dans votre ſein, le code du *contrôle* ſe forme, je l'entends qui roule, & s'enveloppe en roulant d'Arrêts du Conſeil : fuyez, vous dis-je, il engloutira tous les actes : ce code arrive, tombe ſur les greffes, les protocoles, engloutit en effet tous les actes : & les hommes, après avoir perdu la bonne foi, n'ont plus l'inſtrument qui la ſupplée il eſt trop cher. Il faut être riche pour conſerver le néceſſaire.

Au nom de la vérité, lecteur, ne croyez point à la légere, c'eſt moi-même qui vous en prie : demandez à tous les Greffiers, à tous les Notaires de France ſi je vous trompe.

Sans commerce, point de ſociété ;

& sans la libre communication de ce qui manque aux uns & abonde chez les autres, point de commerce. Aussi cette communication s'établit-elle d'elle-même, on n'a qu'à laisser faire l'industrie & le besoin. Un homme chemine paisiblement, portant à ses voisins ce qu'ils n'ont pas, pour rapporter à ses commensaux ce qui leur manque ; lorsque tout-à-coup, des inconnus qui lui feroient peur au coin d'un bois, l'arrêtent aux portes d'une ville :

Qui êtes-*vous*, Messieurs ?

Des Jurisconsultes chargés par Nosseigneurs les Fermiers-Généraux directement, & par le Roi indirectement, d'interpréter & faire observer certain *code* sur les douanes, & quelques autres codes encore que nous vous nommerons si vous êtes de loisir.

Qu'est-ce donc que vos codes, Messieurs?

En général c'... loi ou deux, avec de ... annexés, &

corroborés de deux ou trois mille Arrêts plus ou moins : Arrêts dont le moindre vaut mieux que la meilleure loi.

C'est beaucoup... Mais enfin, abrégeons, que voulez-vous de moi ?

D'abord vous fouiller jufques dans les poches, enfuite nous vous dirons le refte.

Mais, Meffieurs, qui m'affure que vous ne me trompez pas ?

Le code, Monfieur : mais plutôt ne nous en croyez pas, lifez vous-même, prenez feulement la peine de vous arrêter un moment, nous allons vous montrer loi, tarif, Arrêts & tout le code : ce n'eft gueres qu'une affaire de fix mois pour tout vérifier : d'ailleurs la lecture en eft fort récréative, & nos Meffieurs, y découvrent toujours de nouvelles beautés.

Eh ! Meffieurs, fouillez... Mais rien plus.

Les Jurifconfultes fouillent tout en effet, examinent tout, tournent, retournent, tâtent, manient, pressent; enfoncent leurs doigts dans une valise ou une balle, comme un Chirurgien enfonce les siens dans des chairs où il soupçonne un abcès ; mais plus habiles que lui, ils semblent avoir au bout de chaque doigt un œil pour voir & un nés pour flairer ; enfin, ils font si bien, qu'en vertu de leur tâtonnement & de leur tarif, il leur reste dans les doigts une partie de ce qu'ils ont touché, & toujours au nom du code.

Le Négociant, au sortir de ce bureau de législation, a grand soin de le noter sur ses tablettes, avec un avertissement de n'y passer jamais s'il le peut ; & s'il ne trouve point d'autre route ; il tâche de s'en pratiquer quelqu'une par-dessous terre, comme une taupe, au risque des amendes, des galeres & de tous les *instrumens perçans, contundans, ferrans & jugeans*, dont nous avons parlé ; car ces routes par-deſſous terre ſont des crimes capitaux appellés *contrebande* : enfin, s'il eſt trop perſécuté, il ira chercher un autre pays où les routes ne ſont point, ou ſoient moins infeſtées par les codes & leurs Juriſconſultes.

A ce propos, j'ai fait une réflexion que je donne pour ce qu'elle vaut, le lecteur en jugera, la voici : depuis quelque-temps nos phyſiciens cherchent, avec une incroyable ardeur, les moyens de voyager par les airs : on ne voit pas d'abord le fin de cette découverte : le moindre inconvénient eſt de caſſer le cou au voyageur, & le plus grand ſeroit d'épouvanter les ſociétés humaines par la génération d'une nouvelle eſpece d'oiſeaux de proie, qui fondroient ſur les hommes comme des vautours ſur des pigeons. Mais, en y réfléchiſſant davantage, j'ai cru découvrir le but caché de ces recherches ; c'eſt la facilité d'échapper aux Juriſconſultes des douanes. Mais
ſi

fi j'attrape la vérité, j'ofe dire, que les phyficiens s'abufent, & je me crois obligé de les en avertir : ils ne fongent point, (car les idées les plus naturelles font les premieres qui échappent), ils ne fongent point que ces hommes du code, ayant relativement aux autres hommes, un moindre poids fpécifique, ont une difpofition plus grande & comme naturelle à voler ; toute invention de cette efpece leur deviendra plus propre qu'aux inventeurs même.

Voici donc ce que je prédis à la face de l'Europe & je fais imprimer ma prédiction afin de prendre date, & qu'un autre ne m'en raviffe pas l'honneur : fi par un lundi matin (je n'en fixe pas l'époque, mais je ne la crois point éloignée), il s'éleve dans les airs un globe *aéroftatique*, foupçonné feulement de receler dans fon fein une once de contrebande : peuple françois, retenez bien ceci, le len-

Q

demain mardi avant l'aurore vous verrez toute votre athmofphere remplie & obfcurcie par des nuées de globes *aéroſtatiques légiſlatifs*, formés d'Arrêts coufus enfemble, tout chargés de Jurifconfultes armés : vous les verrez, établiſſant des poſtes & des défilés dans les airs, faifant des rondes & des patrouilles, effrayant les oifeaux, ou les arrêtant, & les plumant fous prétexte de les fouiller : enfin, fans repos & fans relache jufques à ce qu'ils aient atteint, faifi & éventré le globe *contrebandier*, après avoir verbalifé en triomphe fur fon cadavre : car dans les combats de ces Jurifconfultes guerriers, le procès-verbal eſt le *Te Deum* de la victoire, il la prouve & il la chante.

Mais je finis, & voici pourquoi, je m'apperçois que je n'ai rien dit que mille autres avant moi n'aient dit bien mieux que moi, d'où je conclus que tout ceci eſt une grande vérité, mais parfaitement inutile.

Cependant, fi notre Roi favoit.... deux chofes feulement : combien nous lui fommes fideles & combien nous fouffrons... ah ! fi je n'étois pas *peuple*, fi j'étois quelque chofe en ce monde, fi j'avois une bouche, une voix ; fi j'ofois ou plutôt fi je pouvois révéler à mon Roi toutes les infamies barbares, les injuftices horribles dont j'ai vu tant de fois perfécuter fes miférables fujets ! s'il daignoit m'écouter un inftant & me croire ; je n'en puis douter, ce bon Prince en frémiroit d'indignation. Eh ! que lui font tant de petits oppreffeurs ; tous ces tyrans fubalternes, qui pour la plupart uniffent la baffeffe pour les grands à la barbarie pour le peuple, la cupidité de tous les gains, à l'infolence de tous les faftes ? que font au Roi de France ces hommes dont il ignore les noms & jufqu'à l'exiftence ? & nous, au contraire, que ne lui fommes nous pas ?

nous laboureurs, nous propriétaires, nous par qui l'état subsiste, qu'avons-nous à demander pour être heureux, si non que le chef de l'état connoisse nos malheurs & nos besoins ? Notre intérêt, n'est-ce pas le sien même ; & son intérêt, l'intérêt de son pouvoir & de sa gloire n'est-il pas dans tous nos cœurs le premier, le plus cher de nos intérêts ? Non, nous ne sommes pas le peuple le plus sage de la terre; mais nous sommes peut-être le peuple de la terre qui mérite le mieux que ses maîtres le rendent heureux : qui sait obéir & aimer comme nous ?

TEXTE.

Vous me direz peut-être que je raconte les exagérations de quelque Magistrat dégoûté ou d'un Avocat piqué.

NOTE

Sur les bureaux de législation & la réforme des loix.

JE ne suis, graces au Ciel, ni *Magistrat dégoûté*, ni *Avocat piqué*; mais pour quelqu'un qui s'avise de barbouiller du papier & de mettre, comme dit Voltaire, du noir sur du blanc, j'ai un défaut bien plus capital, un défaut inexcusable, un défaut... Peu s'en faut qu'il ne soit vice.... pire même qu'un vice; car il est peut-être *un ridicule*... Je l'ai dissimulé tant que j'ai pu, mais la conscience me presse, la triste vérité m'échappe malgré moi, & je vais la dire, dût mon lecteur fermer ce livre à l'instant & lui tourner le dos : ce défaut donc.... tous les grands hommes d'Athenes & de Rome l'ont partagé avec moi ; mais ils avoient de quoi le réparer, & moi je n'ai rien : ce défaut... Lecteur, armez-vous d'indulgence... Eh bien ! dans toute la force du terme, je suis ce qu'on appelle en bon françois un *Provincial* ; non seument je ne suis point de Paris, mais j'écris loin de Paris : pardonnez, oui, je l'avoue, je ne sais rien que fort tard, & peut être fort mal, je juge fort tard, & sans doute encore plus mal ; car en France le *vîte* est le *bien*.

Enfin, je suis tellement convaincu du désavantage de mon poste, que je vais vous raconter naïvement les bevues étranges où m'a conduit derniérement mon éloignement du point central de ce globe, je veux dire Paris.

Il n'y a que peu de jours, le croirez-vous ? que j'appris l'établissement d'un *Bureau de législation dramatique*, formé par les auteurs même. A cette nouvelle, (du moins *nouvelle* quant à moi), je me dis : bon, ceci me plaît, voilà pour cette fois un tribunal composé par des experts capables de bien voir & tous intéressés à bien faire : ce n'est point des gens de loi décidant sur des opérations militaires, ni des gens d'Eglise réglant la police de l'état ; ce sont ici des auteurs de théâtre qui veulent réformer quelques loix du théâtre ; ils paroissent avoir pour eux *science* & *conscience* : c'est beaucoup dans ce monde : joignez-y la *puissance*, & ce tribunal sera sans reproche.

Il est vrai qu'un rogue habitant d'Albion, un Jacques *Rosbif*, ne connoissant que son Parlement & ses *bils*, pourroit demander, avec l'amertume de l'ironie Angloise : ce que c'est qu'une *législation dramatique* ; mais nous pourrions fort bien aussi, avec la raillerie françoise, l'envoyer chercher sa réponse à Athenes, qui, dans ſes beaux jours, mêla les loix de ſon théâtre à ſes loix même politiques : le *Rosbif* répliqueroit peut-être que nous ne ſommes point la république d'Athenes : & nous dupliquerions... Mais laiſſons ce monologue : ce n'eſt pas cela que je veux dire. Après avoir ſuffiſamment ruminé ma nouvelle, je me hâtai d'en écrire à Paris, à un ancien ami qui m'a permis cette petite indiſcrétion dans les cas très-urgens : il me répondit : je réitérai : enfin ceci devint preſque un commerce ; & ne fûſſe que pour dégoûter certains curieux qui prennent aſſez de peine à décacheter les lettres, je vais faire imprimer cette correſpondance : je me flatte que ces Meſſieurs en tireront cette conſéquence utile : qu'ils doivent pleurer tant de peine pour découvrir par trahiſon ce qu'on leur diroit volontiers, même en caracteres d'imprimerie. Voici donc cette correſpondance.... Mais auparavant, je dois avertir d'une chose : la premiere loi de notre commerce épistolaire, avec cet habitant de Paris, étoit le *laconisme*, le pur nécessaire, & rien de plus : le lecteur ne s'en seroit gueres douté, au verbiage de ce livre-ci, où d'un bout à l'autre c'est la plume qui conduit la tête, & non la tête qui conduit la plume : mais voilà l'homme : tel est diffus le lundi, & laconique le mardi : affaire de digestion. Quoi qu'il en soit, je vais publier lettres & réponses.

Premiere Lettre.

J'apprends avec une satisfaction indicible que vous avez un bureau de législation dramatique, je ne vous croyois pas si avancé : puisque vous en êtes à ce point, apprenez-moi ce qu'on a fait auparavant pour la réforme de nos loix civiles.

Reponse.

Rien.

Seconde Lettre.

On s'est donc occupé d'abord à réformer les loix criminelles.

Reponse.

Non.

Troisieme Lettre.

Je vois le vrai ; le commerce est maintenant le premier des objets : quels changemens a-t-on fait dans ses loix.

Reponse.

Aucun.

Quatrieme Lettre.

Assurément j'y suis : on a refondu les loix fiscales.

Reponse.

Les loix fiscales étoient & sont parfaites.

Cinquieme Lettre.

Excusez mes bevues; pour le coup m'y voilà : le bois étant nécessaire à la construction des théâtres, le grand bureau de législation n'aura rien eu de plus pressé que de perfectionner nos loix forestieres.

Reponse.

Il n'y a bureau de législation grand ni petit, & je ne sais ce que vous voulez dire.

Quant aux loix forestieres, elles sont les mêmes.

Le bois ne manque point aux théâtres; & quand il manque à nos foyers on fait brûler du papier en place publique; se chauffe qui veut.

Sixieme Lettre.

Point de bureau de législation pour la réforme des loix civiles, criminelles, fiscales, &c. & un bureau de législation pour la réforme des loix dramatiques !..... Mais que faites-vous donc là-haut ?

REPONSE.

Ce que nous vous conseillons de faire là-bas, nous rions quand nous pouvons.

SEPTIEME LETTRE.

Mais cependant l'Empereur réforme ses loix.

REPONSE.

Charbonnier est maître chez lui.

HUITIEME LETTRE.

Mais ne pourrions-nous aussi......

REPONSE.

Espérer & nous taire.

Neuvieme Lettre.

Espérer est bien mince quand on a beaucoup à souffrir ; se taire est bien dur quand on a beaucoup à dire.

Reponse.

Réalisez donc si vous le pouvez, & parlez puisque vous le voulez : mais parlez tout seul, plus de questions par les grands chemins, il y a des yeux qui regardent passer les paroles.

Fin de la correspondance.

Ces réponses me firent plaisir & peine. Oh ! Oh ! me dis-je, l'idée d'un bureau de législation pour les véritables loix, seroit-elle une de ces idées qui échappent aux hommes les plus attentifs à force d'être simples ? Aurois-je moi, dans mon trou le mérite si rare de l'invention ?

Ceci m'engagea à quelque recherche, & je n'allai pas loin : je trouvai bientôt qu'un certain abbé de S. Pierre avoit composé, il y a quelques cinquante ans, un gros livre tout exprès, pour chicaner à Louis XIV. le titre de *Grand* (que chacun, par parenthese, entend à sa guise,) & dans cet ouvrage il propose en style sinon brillant, du moins fort clair, l'établissement d'un grand bureau de législation, & plusieurs autres choses de même sorte. Je trouvai encore que toutes les choses de cette sorte avoient été nommées, par les contemporains, *les rêves d'un homme de bien* : je découvris ensuite, à mon très-grand étonnement, que cet abbé rêveur avoit été chassé de l'Académie Françoise, non pour avoir écrit en mauvais François, ce qui eût semblé juste, mais pour avoir rêvé le jour plutôt que la nuit.

Ce qui m'étonna bien davantage, pour le dire en passant, ce fut de voir ce pauvre abbé, que je soupçonne d'avoir été prêtre, chassé honteusement pour ſes rêves à la priere d'un Cardinal, & d'un Cardinal qui ſe piquoit d'être poëte & poëte latin : ce qui eſt aſſurément pour un François le plus ridicule rêve qu'on puiſſe faire, ſoit le jour, ſoit la nuit.

Je vis donc d'un côté, qu'un bureau de légiſlation pour la réformation de nos loix étoit une idée ancienne & dédaignée ; & je voyois de l'autre le bureau de légiſlation dramatique établi & applaudi. Ces faits divers me ſaiſirent la tête, je les combinai fortement, & j'eus le bonheur d'en tirer une concluſion de génie, une concluſion *principe*, & principe de tout ce qui ſe fait en France.

M. de Monteſquieu a dit dans la préface de l'Eſprit des loix : *Quand j'ai découvert mes principes, tout ce que je cherchois eſt venu à moi* : voilà préciſément ce qui m'eſt arrivé, & beaucoup mieux qu'à Monteſquieu : on en jugera au ſeul énoncé de mon principe : fa fimplicité étonnera autant que fa fécondité : la voici.

Ce qui eft ailleurs le fuperflu, *eft en France* le néceffaire ; & *ce qui eft* le néceffaire *en France eft ailleurs* le fuperflu.

Or, effayez, lecteur, fi ces deux fimples définitions ne vous conduiront pas, comme un fil fûr, dans le labyrinthe entier de notre hiftoire, de nos loix, de nos arts, de tout ce qui fe fait en un mot dans la grande fociété générale & dans toutes les petites fociétés particulieres : ce principe eft le mot de toutes les énigmes Françoifes, tant il eft effentiel de bien définir les chofes, & de s'entendre d'abord fur le vrai fens des mots!

TEXTE.

TEXTE.

Il est bon de nous rafraîchir la mémoire sur ce qu'on faisoit alors, pour le comparer à ce qu'on fait aujourd'hui.

NOTE.

Nous avons des anatomies *comparées*, mais nous manquons d'histoires *comparées* : elles seroient pourtant plus utiles que les simples histoires. Une comparaison judicieuse de l'histoire d'un regne avec celle d'un autre regne ; la comparaison des histoires de deux peuples éclaireroient d'un jour piquant la morale & la politique, par les ressemblances & par les différences.

N'est-ce pas une chose curieuse à observer, par exemple, que les Anglois & les François étant partis du même point pour leurs loix politiques & criminelles, soient arrivés à des termes si éloignés. C'eſt une choſe aujourd'hui très-connue, que dans les fameux États Généraux de 1355, notre Roi Jean ſigna preſque les mêmes réglemens, la même charte qui fait aujourd'hui le fondement des loix politiques d'Angleterre ; & quant aux loix criminelles, le jugement par les jurés ou par les pairs de l'accuſé, qui eſt l'ame de la procédure Angloiſe, étoit établi en France ſous le gouvernement féodal ; il en étoit l'une des pieces : de ces deux grands points de départ où ſommes-nous allés ? Pluſieurs en priſon, les autres chez Janot : la route eſt belle.

TEXTE.

En même temps des hommes choisis avec de grands yeux, de petites bouches & de larges oreilles, des hommes que le sot public appelloit espions, se répandoient de tous côtés.

NOTE

J'AI été vingt fois au moment d'écrire à M. de Buffon pour le consulter sur un point de l'histoire naturelle.

J'ai lu quelque part que le crocodile apperçoit les objets qui sont derriere lui, par le moyen d'un canal qui communique de la partie postérieure de la tête à ses yeux.

Or, en considérant la sagacité prodigieuse de cette espece d'hommes employés par le Gouvernement & la Police; à leur faculté de tout voir & de tous les côtés, je leur soupçonnerois l'organisation du crocodile, mais très-perfectionnée. Si cette rapsodie tombe dans les mains savantes du Pline François, je ne doute pas, qu'à ma juste priere il ne veuille bien nous éclaircir cet objet d'histoire naturelle : il n'est pas que dans sa vie M. de Buffon n'ait rencontré quelque homme de l'espece dont je parle, & s'il les a vu, il les connoît ; car pour lui, voir & pénétrer sont une même chose.

TEXTE.

Helvetius.

NOTE.

CE fut lui qui prétendit rendre tous les esprits égaux, & confondre tous les intérêts particuliers dans l'intérêt public : deux des plus agréables chimeres qui depuis cinq mille ans (selon le calcul Européen) aient passé par une tête humaine. Certains hommes, d'ailleurs très-respectables, mais d'une foible mémoire, gens à qui le commandement de l'amour de Dieu a fait oublier celui de l'amour du prochain, prouverent un peu trop rudement à Helvetius que ses deux projets favoris n'étoient pas besogne faite : il dut reconnoître qu'il ne pouvoit jamais y avoir d'égalité entre leur esprit & le sien, ni de communauté entre l'intérêt public & le leur.

Aussi Helvetius se mordit-il les levres jusqu'au sang pour avoir trop tôt parlé : ce qui de toutes les manieres de mal parler est sans contredit la plus dangereuse.

TEXTE.

S. Flor***.

NOTE.

C'EST celui qui a beaucoup signé *& plus bas Pheli.....* Personne en effet ne le fut davantage.

Un coup de feu lui emporta la main, cette même main qui avoit tant signé ou préfenté de lettres de cachet: les méchans s'écrierent: *Quelle Juſtice!* mais tous ceux qui fe trouvoient à portée d'être entendus de lui s'écrioient: *Quel malheur !*

Ceci me fait fouvenir de prier le ciel, que la main dont M. de *Vergennes* a figné la paix, ne foit jamais emportée par un coup de feu ; & M. le Capitaine *Aſgil* voudra bien s'unir, au moins d'intention, à mes prieres ; car la main qui a figné la paix a demandé fa vie.

Que la différence de nos religions ne lui faffe point de peine, nous pouvons prier enfemble : je prie le Dieu de l'univers, le Dieu vengeur tôt ou tard de l'oppreffion, & remunérateur dès-à-préfent des honnêtes gens ; que ce Dieu les conferve & qu'il les multiplie : oui, j'aime paffionnément les honnêtes gens ; quand ils font mes égaux, ils me pardonnent mes sottises ; mais quand ils sont mes supérieurs, sur-tout quand ils sont Rois ou Ministres, ils me défendent contre les sottises des autres. Dieu de l'univers ! ayez pitié de l'ame de M. de S. Flor !... Mais par pitié pour nous, conservez à notre honnête homme de Roi tout honnête homme de Ministre.

TEXTE,

Ter......

GRAND Ministre & grand médecin : c'étoit un talent héréditaire. Il eût infailliblement sauvé l'Etat désespéré par la méthode des vésicatoires & des vomitifs ; mais malheureusement le nouveau Gouvernement s'effraya : il prit les crises de guérison pour des accès de redoublement, & renvoya ce *grand* homme, pour livrer l'Etat à un Médecin d'eau douce.

TEXTE.

Turgot.

NOTE.

C'Etoit un fort honnête homme ; mais à quoi cela est-il bon ? Malheureusement il tenta deux choses qui le couvrirent de ridicule aux yeux de l'Europe ; l'une étoit la suppression des corvées ; l'autre, la suppression des Communautés d'arts & métiers. Il avoit je ne sais comment séduit la nation sur ces deux folies, au point qu'on entendoit par-tout pousser des cris de joie : heureusement le génie de la France ne l'abandonna pas : quelques politiques, du nombre de ceux dont la tête avoit trempé long-temps dans le pot magique, lui montrerent son *bec jaune*, dans de beaux discours auxquels il est défendu de répliquer : aussi est-il resté pour démontré.

1°. Que les Communautés font bonnes, pour ne pas dire excellentes.
2°. Que les corvées font excellentes, pour ne pas dire admirables.

Il faut convenir que la nation a bien de l'obligation à ces politiques du pot à quatre anses : mais la nation n'est pas ingrate, elle s'en souviendra long-temps. Je puis attester fur ce fujet que j'ai vu depuis, mais ce qui s'appelle vu, des hommes de corvée, de ces hommes que nous autres honnêtes gens appellons des *coquins*, cesser leurs travaux pour venir me demander l'aumône avec les larmes aux yeux : je l'avoue à ma honte, la pitié me faisit : j'aurois dû leur dire : « Malheureux, vous pleu-
» rez & vous n'en rougissez pas !
» N'avez vous donc point lu ce que
» les plus grands hommes d'état ont
» dit fur les corvées ? Lisez le, mi-
» férables, si vous savez lire : en at-
» tendant, voilà l'aumône, & priez
» Dieu pour l'ame de M. Turgot,

» c'étoit un bien honnête homme. »

A l'égard des Communautés, je me souviens que mon Perruquier m'apporta, il y a quelques années, une perruque que je trouvai un peu chere, & je le lui dis bonnement : voici ce qu'il me répondit.

Il m'en a coûté quatre mille francs pour le beau droit de faire des perruques : oui, Monsieur, si je n'avois trouvé quatre mille francs en especes bien trébuchantes, il m'auroit été impossible, du moins en conscience de couvrir votre tête chauve avec la dépouille de la tête d'un gueux de ma connoissance, qui a des cheveux comme *Absalon*, & qui me les fait payer comme s'il étoit Juif : c'est pour vous, Monsieur, que j'ai donné ces quatre mille livres, n'est-il pas juste que vous me les rendiez en détail ?

D'ailleurs, ajouta-t-il, à qui vous adresseriez-vous pour vous faire une tête un peu raisonnable. A mes confreres? ils font plus chers que moi ; à des Perruquiers qui ne font point de la Confrairie ? vous auriez affez de peine à en trouver : fachez, Monfieur, que nous avons des efpions pour découvrir, faifir & ruiner tous ceux qui s'avifent, contre le droit des gens, & contre le droit politique de faire des perruques fans en avoir acheté la faculté : il n'y a point d'année, où, dans cette Ville feule, nous ne réduifions à la mendicité trente ou quarante de ces perturbateurs de l'ordre public. Vous voyez donc, Monfieur, que par force & par raifon, il faut me payer ma perruque tout ce que j'en demande : Noffeigneurs du Parlement ; (car je coëffe la moitié de la Grand'Chambre, afin que vous le fachiez, & c'eft pour cela que je vous ai parlé du droit politique & du droit des gens), Noffeigneurs du Parlement m'ont protefté cent fois que le corps des Perruquiers étoit de l'effence de la Monarchie ;

ils m'ont assuré qu'ils l'avoient dit au Roi, & que le Roi l'avoit cru : après cela n'est-il pas honteux, non seulement de mal payer sa perruque, mais je dis même de n'en point porter.

A cette grande autorité d'une Grand-Chambre concernant le droit politique de faire des perruques, je me rendis avec la même soumission que M. Jourdain se rendoit, quand on lui citoit les gens de qualité. Je payai donc cet *incorporé* sans rabattre une obole ; j'ajoutai même une bagatelle en lui disant ; « ceci, » Monsieur, est pour vous engager à » prier Dieu pour le repos de l'ame » de ce pauvre M. Turgot : c'étoit un » si honnête homme. »

TEXTE.

Malserbes.

CE Magistrat passoit pour être éclairé de toutes les lumieres : on disoit même son commerce délicieux. A la tête d'une Cour Souveraine, il avoit soutenu presque seul tout l'effort d'une grande déroute; & dès-lors on le considéra comme la derniere ruine de notre antique Magistrature : enfin, on pouvoit dire de lui, précisément le contraire de ce que Voltaire disoit, de *Louis Racine*, fils de *Jean*; il l'appelloit *le petit fils de son grand pere.*

TEXTE.

Vergennes.

NOTE.

JE ne demande & ne demanderai jamais rien à M. de Vergennes : & qui n'a rien à demander a peu à craindre : je rends ici un pur hommage à la simple vérité en disant : que dans toutes les parties de la France de ma connoissance les yeux des François sont tournés sur lui, comme dans un grand voyage les regards des passagers & des matelots se tournent vers la grande ancre du Vaisseau.

TEXTE.

Dites lui ces beaux vers composés après vous.

NOTE LITTÉRAIRE.

CE Texte a tort & connoît bien mal le Cardinal de Richelieu.

Ce grand homme (dans le sens de ceux qui entendent par-là un homme qui fait de *grands* maux avec *grandeur*), ce grand homme, dis-je, avoit, comme quelqu'un l'a dit, tous les genres de despotisme dans la tête & dans le cœur; mais il étoit sur-tout possédé du plus tyrannique de tous les despotismes: ce n'est pas le despotisme des Princes : ce n'est pas le despotisme des ministres, ni celui des hommes de robe, ce n'est pas même le despotisme des gens d'Eglise, encore moins celui des Lieutenans d'Infanterie ; mais c'est le despotisme des poëtes. Jamais le Cardinal de Richelieu n'eût consenti à réciter d'autres vers que les siens, c'est-à-dire, ceux qu'il avoit fait ou *fait faire*.

Mais, il en faut convenir, ces vers que j'ai cités, quoi qu'ils ne soient point d'un premier Ministre, sont admirablement faits.

Cher lecteur, nous voilà vieille connoissance, & j'ai beaucoup de peine à vous quitter; puissiez-vous en dire autant de moi ; mais vous n'en ferez rien ; car les auteurs ont bien plus d'amitié pour les lecteurs que ceux-ci n'en ont pour les auteurs : quoi qu'il en soit, bon gré malgré, je veux, avant de nous séparer, vous nommer l'auteur de ces vers, & même vous dire ceux qui les précedent & les suivent : je ferai plus, je vous en citerai d'autres du même poëte : je ferai plus encore, je réfléchirai sur tout cela : vous avez beau me crier que vous savez par cœur les ouvrages de Racine & sa vie ; je ne vous écoute pas & vous en passerez par-là.

En premier lieu, l'auteur de ces vers est ce *Jean Racine*, grand pere, comme je vous le racontois tout à l'heure, de son petit fils *Louis Racine*, lequel Louis est auteur, (vous ne le saviez pas) d'un Poëme sur la religion, lequel Poëme pris *in globo*, ne vaut pas une strophe prise séparément, d'un cantique de son grand homme de pere.

En second lieu : voici le passage des vers cités dans le Texte rétabli en son entier. Un moment d'attention, s'il vous plaît. C'est un grand Prêtre qui parle à un jeune Roi.

« Loin du trône nourri, de ce fatal honneur
» Hélas ! vous ignorez le charme empoisonneur :
» De l'absolu pouvoir vous ignorez l'ivresse,
                                            » Et

» Et des lâches flatteurs la voix enchanteresse :
» Bientôt ils vous diront que les plus saintes loix,
» Maîtresses du vil peuple, obéissent aux Rois,
» Qu'un Roi n'a d'autre frein que sa volonté même,
» Qu'il doit immoler tout à sa grandeur suprême ;
» Qu'aux larmes, au travail le peuple est condamné,
» Et d'un sceptre de fer veut être gouverné ;
» Que s'il n'est opprimé, tôt ou tard il opprime :
» Ainsi de piege en piege, & d'abyme en abyme,
» Corrompant de vos mœurs l'aimable pureté,
» Ils vous feront enfin, haïr la vérité :
» Vous peindront la vertu sous une affreuse image :
Hélas ! ils ont des Rois égaré le plus sage....

Un peu de patience, lecteur, voici du même auteur, (car j'en suis fou) d'autres vers encore qui pourront vous être de quelqu'utilité quand vous vous amusez à rêver, en plein midi, que vous êtes Roi : c'est un rêve que tout homme, soit bon, soit méchant fait au moins une fois en sa vie ; chacun avec sa direction particuliere d'intention. Ces vers-ci sont généralement bons à tous : celui qui les dit est un Prêtre de Cour, Grand Aumônier de la Reine Athalie : il s'appelloit..... Mathan. Après avoir parlé d'une fameuse que-

S

relle qu'il eut avec un autre Prêtre à l'occasion du grand Pontificat ; (de tous les temps on s'est déchiré pour avoir ces diantres de Pontificats,) il dit :

« Vaincu par lui, j'entrai dans une autre carriere,
» Et mon ame à la Cour s'attacha toute entiere :
» J'approchai par degrés de l'oreille des Rois,
» Et bientôt en oracle on érigea ma voix :
» J'étudiai leur cœur, je flattai leurs caprices :
» Je leur semai de fleurs le bord des précipices ;
» Près de leurs passions rien ne me fut sacré,
» De mesure & de poids je changeois à leur gré :
» Autant que de Joad l'inflexible rudesse,
» De leur superbe oreille offensoit la mollesse,
» Autant je les charmois par ma dextérité,
» Dérobant à leurs yeux la triste vérité,
» Prêtant à leur fureur des couleurs favorables,
» Et prodigue sur-tout du sang des misérables.

Voilà parler : voilà le fin des choses ; maintenant écoutons un Roi lui-même... Mon Dieu, lecteur, ne vous impatientez pas : si vous ne voulez point ces vers pour vous, donnez les à vos enfans : écoutez donc, silence, c'est un Roi. Il est fâché d'avoir négligé un homme qui lui a rendu service, (la faute eſt plus commune que le repentir) & ce Prince exprime ainſi ſes regrets :

« O d'un trop grand ſervice oubli trop condamnable
» Des embarras du trône effet inévitable,
» De ſoins tumultueux un Prince environné,
» Vers de nouveaux objets eſt ſans ceſſe entraîné ;
» L'avenir l'inquiete & le préſent le frappe ;
» Mais plus prompt que l'éclair, le paſſé nous échappe,
» Et de tant de mortels, à toute heure empreſſés,
» A nous faire valoir leurs ſoins intéreſſés,
» Il ne s'en trouve point qui touchés d'un vrai zele,
» Prenant à notre gloire un intérêt fidele,
» Du mérite oublié nous faſſe ſouvenir,
» *Trop prompts à nous parler de ce qu'il faut punir.*
» Ah ! que plutôt l'injure échappe à ma vengeance,
» Qu'un ſi rare bienfait à ma reconnoiſſance !

J'ai peur qu'on ne me reproche de n'avoir fait parler que des Juifs. Je vais donc amener un Romain. Eh ! quel Romain ! rien que Burrhus, excuſez du peu.... Il avoit été, comme on ſait, Gouverneur de Néron ; il avoit nourri ſon enfance de ſaine morale ; mais bientôt il vit que le tigre s'altéroit de ſang humain ; alors il lui tint ce langage, (hélas bien inutile.)

« Eh ! ne suffit il pas, Seigneur, à vos souhaits,
» Que le bonheur public soit un de vos bienfaits ;
» C'est à vous de choisir, vous êtes encor maître,
» Vertueux jusqu'ici vous pouvez toujours l'être,
» Le chemin est tracé rien ne vous retient plus,
» Vous n'avez qu'à marcher de vertus en vertus ;
» Mais si de vos flatteurs vous suivez la maxime,
» Il vous faudra Seigneur courir de crime en crime,
» Soutenir vos rigueurs par d'autres cruautés,
» Et laver dans le sang vos bras ensanglantés,
» Britannicus mourant excitera le zele,
» De ses amis tout prêts à venger sa querelle,
» Ces vengeurs trouveront de nouveaux défenseurs,
» Qui même après leur mort auront des successeurs,
» Vous allumez un feu qui ne pourra s'éteindre,
» Craint de tout l'univers il vous faudra tout craindre ;
» Toujours punir, toujours trembler dans vos projets,
» Et pour vos ennemis compter tous vos sujets.
» Ah ! de vos premiers ans l'heureuse expérience
» Vous fait-elle Seigneur haïr votre innocence,
» Songez-vous au bonheur qui les a signalés :
» Dans quel repos, ô ciel ! les avez-vous coulés ?
» Quel plaisir de penser & de dire en vous-même !
» *Par-tout en ce moment on me bénit, on m'aime ;*
» *On ne voit point le peuple à mon nom s'alarmer,*
» *Le ciel dans tous leurs pleurs ne m'entend point*
   » *nommer ;*
» *Leur sombre inimitié ne fuit point mon visage,*
» *Je vois voler par-tout les cœurs à mon passage.*
» Tels étoient vos plaisirs........

Convenons-en toujours davantage, ces vers sont inimitables, & par conséquent *inimités* : après avoir réfonné délicieufement dans l'oreille, ils fe répandent pour ainfi dire dans l'ame, comme une vapeur fuave, & l'empliffent d'idées généreufes, douces & confolantes : on lit ces vers, on les relit, la mémoire les retient, le cœur les répete, & quand on fonge à ces admirables effets, avec deux vers rimés pour tout inftrument d'harmonie, on eft tenté de comparer Racine à Amphion, attirant les forêts, adouciffant les bêtes fauvages avec une lyre qui n'avoit que deux cordes.....

Cependant il manque une chofe à la gloire de l'Auteur de ces beaux vers, c'eft d'avoir été mis à la Baftille pour les avoir faits.

C'eft une circonftance bien remarquable, que ces leçons fublimes pour les Rois, furent compofées par un homme accufé d'être un courtifan timide, & qu'elles furent récitées devant celui de nos Rois qui a déployé l'autorité la plus fiere: plufieurs de ces vers, tels que ceux d'Efter & d'Athalie, ne furent même compofés que par l'ordre du Roi & pour fon théâtre feul; & non-feulement le Poëte ne fut point mis à la Baftille, mais le Prince le combla de bienfaits; le plus grand de fes bienfaits fut l'approbation publique qu'il donna à des Poëmes, où de tels vers étoient récités en public, & ce qu'il faut bien remarquer pour la gloire du Prince, fon eftime pour Racine devança celle de fon fiecle même. Louis XIV careffoit Racine à Verfailles, quand Pradon triomphoit fur Racine à Paris.

Lorfqu'un Roi fait écouter en public, & louer de même des leçons qui ne tombent que fur les Rois, on peut affurer qu'il a l'ame grande; alors le grand Poëte & le Roi font dignes l'un de l'autre.

Fin des Notes.